【文庫クセジュ】

フランス教育システムの歴史

ヴァンサン・トゥロジェ／ジャン＝クロード・リュアノ＝ボルバラン著
越水雄二訳

JN084032

白水社

Vincent Troger, Jean-Claude Ruano-Borbalan, *Histoire du système éducatif*
(Collection QUE SAIS-JE ? N° 3729)
© Que sais-je ? / Humensis, Paris, 2005, 2021
This book is published in Japan by arrangement with Humensis, Paris,
through le Bureau des Copyrights Français, Tokyo.
Copyright in Japan by Hakusuisha

目次

序論

十九世紀の終わりに初等教育が義務かつ無償となり、宗教から分離された時、まだ学校は他にいくつもある人間形成の機関の一つにすぎなかった。家庭と並んで教会と労働の場が、子どもと青年の徳育や知育や職業訓練の過程の重要な部分を占めていた。学校が休みになる日程は、宗教上の祝祭や教理問答書の指導や農業労働を尊重して決められた。ところが一世紀も経たないうちに、そうした論理が逆転する。バカンスの日程が社会の全体を覆った。農業労働や信仰の実践がフランス人の生活にリズムを与えなくなって久しい。メディアの語彙はこの新たな現実を明確に考慮している。たとえば、九月はもはや新学期が始まるだけの月ではない。政治も社会も文学も、経済さえも「活動再開」を迎える月なのだ。今や家庭教育は学校での成功に従属している部分があるし、ほとんどすべての職業活動が学校における一連の養成課程と免状によって表象されている。

これゆえ、教育システムの歴史に関するすべての企てが、最初に同一の問いと格闘する。すなわち、いかなるプロセスが、子どもと青年の人間形成のそれほど重要な部分を、家庭での直接の管理を超えて、唯一の専門化された機関に委ねるに至ったのだろうか。

この問いに答えるには、年代とテーマに一定の選択が必要である。

現代の歴史研究の成果に照らせば、学校教育の歴史に関する主要な七つのテーマを設定して本書を構成することができる。①学校と政治権力および宗教権力との関係、②学校知の構築、③学校知を伝達するために採られた方法、④学校制度の組織化、⑤職業へ向けた教育の位置、⑥就学の不平等、⑦教授法の技術革新による影響。これらの七テーマは相互に関連しており、学校制度がこの数十年来、知識の伝達と免状の授与をほぼ独占する状態を緩和してきたのと同時に絶えず危機状態に瀕しているという、矛盾した状況に置かれるに至った歴史を理解するのに役立つ。

ところで、それらのテーマは一つの年表の枠に必然的に収まる。学校で今日広く見られる型が作られはじめたのは、大学については十二世紀であり、初等および中等教育については十五世紀であった。ただし、それはギリシア・ローマの遺産に明らかに依拠して洗練された。したがって、古典古代の遺産から始めて、学校教育の拡張にとって重要な十二世紀以降の各段階について述べていこう。中世諸大学の発展、十六世紀の新たな教授法モデルの出現、フランス革命議会での教育構想と帝政による実現、十九世紀における教会と国家との関係、第三共和政による初等教育と中等教育との二元性、そして、二十世紀後半に大衆の学校がもたらした根本的変化で、以上のように理解された教育の歴史が辿るべき道筋を構成する。

われわれに必要と思われるテーマと年代の選択は、もちろん完全無欠とは言えない。しかし本書の選択は、教育システムについて歴史がきわめて雄弁に教えることを明らかにし、できる限り透徹した目で捉えられるようにしている。

第一章　学校と権力——教会から国家へ

学校は古代以来、経済・政治・宗教の組織が高い水準へ達した社会にのみ現われた。学校は商業や行政の活動の増大が産んだ、知識の教育への欲求に応じたが、政治や宗教の位階制度から絶えず支配された。その支配者たちにとって、文字を書けて演説ができるようになる知の伝達は、本質的に権力に関わる問題だった。学校は、ギリシア都市国家とローマ帝国では政治エリートを養成する手段であったのち、カトリック教会によって封建社会のキリスト教化に捧げられた。そのあとフランスでは、王政権力の増大によって教会は国家とともに学校制度の監督を分かちあった。このパートナーシップは時代につれて協調から対立へと変化し、二十世紀初頭には国家がその支配権を認めさせた。この頃に学校教育システムの進展を左右したのは、民主化の問題である。

1　古代における政治エリートの教育

紀元前二千年紀メソポタミアの宮殿の廃墟で、考古学者が長椅子の列と素焼きや木製の筆記用具入れとともに二つの部屋を発掘した時、彼らがバビロニア王朝行政府の書記養成学校の遺跡を眼前にしていることを歴史学者は知っている。同じような学校はファラオ時代のエジプトにも、ペルシア帝国や中国にも存在した。

したがって、紀元前四世紀にアテネで繁栄の絶頂にあった頃、今度はギリシア文明が学校教育制度を発達させて、「文明化された国家に必要な特性の一つにした[1]」ことは驚くに当たらない。しかしまた、アテネの民主主義における政治的権威は、中東地域の古代帝国とは反対に、もはや軍事的および宗教的権力のみではなく、公共の討論で説得し議論できる能力に基づいていた。この頃に定着し、ローマ文明と中世を経て、われわれの学校教育制度へも影響を与えていく教授法の形式と実践は、何よりも演説の卓越した技法を目指していた。

ギリシアの初等学校では、アルファベットと単純な計算を教えた。骨が折れるこの学習は、都市住民のかなり広い範囲が対象となった。こうした人びとは、職業活動で文字を書き計算する基礎を求めており、都市国家を豊かにすることに貢献した。反対に、中等レベルの教育は、一般教養の伝達を目指していた。ギリシアの社会的エリートの目にはこの一般教養が市民を際立たせた。歴史家たちは、中等教育が行なわれた場について今でも議論している。すなわち、ギムナシオン〔体育場〕か特別な学校で、あるいは家庭教師によって、おそらく複数の実践が共存していたのだろう。教育内容の歴史については、より明確に知られている。文法と文学が科学に優っており、科学は副次的な地位を占めるにすぎなかった。貴族の教育では体育が優位であり続けた。最後に高等レベルでは、少数の若者が、権威ある幾人かの教師から個別に教えを受けた。このレベルでは、政治に関わる経歴に欠かせないものとして、哲学や医学よりも修辞学が最も多く教育されていた。

このようなギリシアの学校教育組織はローマに継承された。ローマ人がそこに導入した革新は、学校教育と政治=宗教システムとの密接なつながりを確認させる事柄ばかりである。

第一に、国家がより制度的に介入した。一世紀のウェスパシアヌス帝〔在位六九―七九〕から四世紀のディオクレティアヌス帝〔在位二八四―三〇五〕まで、次第に詳細になる規則が学校教育制度を枠付けていった。すなわち、教師への免税と最低限の給与保障、国家が報酬を与える高等教育の教師職の創設、さらに奨学金である。

第二に、ローマ人は法学の高等教育を発展させたが、これはギリシア人のもとには存在しなかった。というのもローマでは、国家や都市や宗教の運営に関わる機関が多数の官吏を必要としたのと同時に、頻発する訴訟によって、議論を操るのに熟達した法律家が多数求められていたからである。

以上の通り、学校はその起源から、社会において支配的な知識と価値を伝達する特性をもつ。この点でローマ人の慣行の一つはとくに明示的である。ローマの伝統は、新たに征服した各国から王族の子どもを人質に取って学校で教え、蛮族の首長の後継者たちをローマ人に変えようと期待していたのだ。

2 中世における学校教育の衰退と再生――教育に関わる教会

西ローマ帝国の崩壊が、その学校網をほぼ消失させた。五世紀からシャルルマーニュ治下の九世紀へ至るまで、学校教育の遺産を保持できた唯一の権力が、キリスト教の教会である。修道院は当時、聖職者の養成を中心にして、学校教育活動の大部分を担っていた。ローマ貴族の末裔には、教会の役職に転じて、ギリシア・ローマの学校教育の遺産の一部、とくに中等教育の教育課程を伝えるのに成功した者もいた。この教育課程は、〈三学〉*trivium*（文法、修辞学、弁論術）と〈四科〉*quadrivium*（算術、幾何、音楽、天文学）とに分かれて、十五世紀まで教授上の準拠枠の役割を果たした。〈三学〉と〈四科〉は中世において〈自由学科〉arts libéraux と名付けられた。〈三学〉の教育は、十六世紀以降に〈人文学〉les humanités と呼ばれる教科の基盤を構成する部分となった。

シャルルマーニュが教会に支持される中央集権国家の建設を試みたので、論理的に学校教育には新たなイニシアチヴがもたらされた。伝説に反して、もし皇帝が何も作り出さなかったとしても、その代わりに修道院と司教座聖堂による学校網を活性化させようとしたのである。「司教座聖堂と修道院が聖書の研究にも捧げられ、神のご加護により学業に献身する者たちに供されるのは有益だと思われる」。七九四年にシャルルマーニュは、司教や神父へ宛ててそう書きしるした。この政策は当時、利用可能な手段が乏しい制約のなかで施行されたが、それでも学校教育の活気ある普及を維持させた。

これによって説明がつくのは、修道院と司教座聖堂による学校網が、カロリング王国の解体に続く封建時代の混乱によく耐えたことである。十一世紀以降には、当時のフランスを構成した領主集団が経済と人口の拡大を経験し始めると、修道院や司教座聖堂ばかりか司祭館も、とくに都市部で〈小さな学校〉を増やした。「文法がいたる所で花開き、それを多数の学校が最も貧しい者たちにも届かせた」。ベネディクト会の神父ギベール・ド・ノジャンがこう記したのは、十二世紀のまさに初めてである。

そうした動向を統計によって示すことはできないが、その過程の始まりにあった状況は述べられる。商業活動の拡大が読み書き教育への需要をより大きくした。同時に、教会が指導した強力な布教運動と、それに伴う神学上の激しい論争は、聖職に就く者たちの増加をもたらした。最後に、イル・ド・フランスでは、カペー朝の王国が法律と行政に携わる人材の育成を促すように臨んだ。経済の担い手たちと教会や国家からの要求が、学校教育の新たな拡張を促進するのに協働して、そこから大学が決定的な段階へと進んでいった。

3　中世の大学――教会と王国の狭間で

フランスで最初の大学は十三世紀に、まずパリとトゥールーズとモンペリエに生まれ、次いで他の多くの都市に姿を現わした[2]。

たとえばパリ大学は、当初はノートルダム教会やサン・ジェルマン・デ・プレのような修道院の周囲に設けられていた学校から組織されていった。都市の発展がもたらす教育の需要に促されて、教師たちは教会の位階制度による直接の管理から逃れはじめた。神学者ピエール・アベラール（一〇七九―一一四二）という先駆者の例に従って、教師たちはセーヌ河左岸に居を構えだした。十三世紀初めの〈カルチエ・ラタン〉にはすでに多数の学生が集まって衣食住を必要としており、学生の生活習慣の自由さが問題を生じさせていた。売春と飲酒と暴力が、学業や試験と同様に、当時の学生生活の一部をなしていたのである。

この頃から、教皇権はそうした新たな学校教育活動に対する管理を強固にしようとした。教会は大学を創設することで三重の利益に与った。すなわち、それは聖職者養成の水準を改善し、神学の省察を豊かにして教義を洗練し、当時、たとえばカタリ派が広まった地域のように、多様な異端に対抗する論理を構築する。また、王国の側でも大学の発展には利益があった。大学は王国に重臣と法律家を提供し、商人や職人を活動させて、その首都に知的な威信を保障する。これら二つの権力間の対抗関係を利用して、パリの教師と学生たちは一二一五年に最初の法令を獲得した。国王によって税と法律上の特権を享受する団体として大学が認められたのに加えて、一二三一年には教皇勅書がパリ大学の聖職界における地位を認めた。

その当時、長期間にわたる教育課程の最初の例が現われていた。学生は十四歳ないし十五歳くらいで学芸学部へ入り、古典古代の〈三学〉と〈四科〉を受けつぐ教育を少なくとも六年間受けて、〈バカロレア〉〔大学入学資格〕を認められる。合格者は次に教授候補生となり、二年間の修業のあとに教授免許を獲得する。これが現代の学士号の遥かな起源である。学士は学芸学部で教えると同時に、神学か法学か医学の博士号へ至るまで研究を長く続けていくことになる。

学生たちはまたたく間にコレージュに集まった。コレージュは、庇護者から与えられた財源により学生たちを住まわせ、時には蔵書を自由に使わせて、学生が協同で修業するのを援助した。最も有名なコレージュは、一二五七年に聖王ルイの司祭ロベール・ド・ソルボンが貧しい学生十五人のために開設した。彼の名は現在のソルボンヌ大学に付けられている。十三世紀の終わりに、パリの学生人口は約五千人から一万人ほどの大人数となり、パリ大学はヨーロッパ中の名声を享受して、それを数世紀の間、保っていった。

4　活版印刷、対抗宗教改革、国家——近代学校の誕生

手書きで写された書物は贅沢品だった。書物は印刷されるようになって、より多くの人びとが手に入れられる消費財になった。十六世紀半ば以降、数百万部の書物がヨーロッパで流通した。廉価な出版物は、中古の活字で質の悪い紙に印刷されて、祈禱文集、ＡＢＣ読本、騎士物語、暦などを提供していた。こうした民衆文学の萌芽は、当時の政治権力に抵抗するプロパガンダにも変わりえた。印刷術とともに、読むことと書くことが、権力とそれに対抗する権力との闘争の賭金として以前よりも重要になった。

そのことを最初に認識していた者に、プロテスタント諸派がいる。「人びとを教義の純粋さに保つため、子どもたちが信仰に納得できるように、なるべく幼い年齢から教育が必要であり、ほぼ不可欠である」。一五三七年にカルヴァンはこう主張した。改革された宗教が求める個人的で強固な

信仰は、聖書を早くから読めることを前提とする。これゆえ書物はプロテスタントの第一の武器であり、彼らは教理問答書を印刷し、また、カトリックと結びついた大学とは別の学校へ資金を提供した。

プロテスタントの攻勢に応じて、カトリック教会は対抗宗教改革と呼ばれる活動に着手した。こちらも教理問答書を印刷し、学校の開設を促した。この取り組みを絶対王政が支えた。王権は正統性を教会からの支持に負っており、国王の神聖さは教会を象徴していた。さらに王権は貴族に対して国家権力の優位を主張しはじめており、学校は王権が必要とする、よく訓練された官僚を提供した。

当時、学校教育の広がりは二つの顕著な過程で進展していた。第一の過程はエリート養成に関わる。大学のコレージュをモデルにして、コレージュの新たなネットワークが形成された。十七世紀のコレージュは大学から独立しており、教育修道会が運営するものがほとんどだった。一五四〇年に設立されたイエズス会によるコレージュが最も有名である。同会が磨きあげた教育課程は、現代のリセ〔国立高等学校〕のカリキュラムにも影響を与えている。

十七世紀のコレージュは、イエズス会、オラトリオ会、キリスト教教義会、これら以外の教育修道会のいずれも、大学のコレージュより拘束が大きい教育組織だった。生徒たちは学習レベルでグループ分けされて絶えず指導されていた。監督の下での自習、授業、ミサ、説教、さらに寄宿生ならば共同寝室でも監視された。大学に比べて著しく自由を欠くコレージュは「大きくなり軍隊化した[3]」。教師と生徒の関係は疎遠になり、〈生徒監〉pion が象徴的な役割となっていた。

一世紀後に、第二の過程は基礎教育に関わる学校を増やし、教授法を刷新していった。これに貢献した修道会で最も知られるのは、一六八四年にジャン＝バティスト・ド・ラ・サールが設立したキリスト教学校修士会である。そこでも新しい教育方法が試みられた。能力別に学級を編成し、教師の権威を認め、規律によって監視を厳しくした。しかし、これらの原理を適用する方法を採った学校は非常に少なく、大多数の学校が、一教室だけで現地採用の教師に任された、田舎の学校のままだった。とはいえ、学校の数は増えて、新しい教授法のモデルは存在した。これらが十九世紀に重要になる。

このようにコレージュと〈小さな学校〉は、以前よりも抑圧的な教育の在り方で成功していた。そこに「非人格的な規則への教師と生徒の従属」を認める社会学者もいる。これが近代的な「学校教育形態」、つまり、「権力が行使される形態を学ぶ場[4]」を特徴付けるのである。この解釈は、学校教育の広がりに従来の形態との断絶を強調するにしても、学校の増加と国家権力の伸張との関係を十分に考慮している。両者のつながりを証言するのは、一六九八年にナントの勅令の廃止に続いてルイ十四世が発した宣言である。「すべての子どもに、とりわけその父親と母親がプロテスタントの信仰告白をした子どもたちに、教理問答書と必要な祈禱文を教えるため、すべての教区に男性および女性の教員をできる限り配置すべし」。十八世紀には国家が、鉱山学校や土木橋梁学校といった技師学校や、ナポレオンが巣立つ砲術学校などの士官学校を設立して、学校教育にいっそう直接介入した。同様に多くの都市には製図学校が開設された。

5 フランス革命とナポレオン帝国——国家の役割の確立

絶対王政の消滅とともに、国家は教会への依存から次第に解放されて、学校教育制度に対する権限を主張していく。

フランス革命は学校教育に関して、構築したのと同じほど破壊した。〈中央学校〉の短い試みが中等教育に真の科学教育を創りだしても、長く続いたのは一七九四年創設の理工科学校ただ一つだった。この反面、いくつもの法令文書が国家による介入の原理を明確にして、国家が最終的にフランスの教育システムを完全に変えてしまった。

一七九一年から一七九三年までに、一連の法律と政令が聖職者を共和主義政体に従わせて、修道会に教育活動を禁じ、教会財産を没収した。大学は、教員たちが聖職者の地位を有していたので、一時的にではあれ一七九三年に廃止された。コレージュは、一七六五年にイエズス会が追放されたことからすでに打撃を受けており、それに耐えて生きのびたのは各所在地で都市当局と名望家から支持された場合のみだった。アンシァン・レジーム期の学校教育網は根底から揺るがされたのである。

同時に、革命政府は世俗的な公教育を組織する努力を続けた。一七九二年に議会へ提出された計画で、コンドルセ侯爵がその原理をまとめ上げた。『人間と市民の権利宣言』に続いて、コンドルセは、「国民教育は公権力にとって公正な義務である」と唱え、「人民を代表する国民議会」のみがその責任を負い、教育システムが「知識の進歩」に仕えることを保障するのが正当であると主張した。このように教育について提示された、世俗的な公権力による責任の原理は、第三共和政期の教育政策へ直接影響を与えることになる。

しかしながら、革命期の終焉とナポレオン・ボナパルトの即位は、より保守主義的な教育観への回帰を告げた。皇帝は革命がもたらした教育計画は失わずに、支配を強固にする。彼はこう記した。「新しい世代の教育を彼らの政治と道徳に関する意見を監督できる方法によって組織することが、私に義務付けられていると思う」。かくして皇帝は教会との関係を修復した。一八〇一年のコンコルダは、カトリック信仰を「フランス人の大多数の信仰」として認め、公的な施設で教理問答書を教えることを許可した。ただしボナパルトは、国家によって管理される公教育の原理は保持した。彼は一八〇二年に一つの〈帝国教職員団〉université impériale を打ちたてた。これが国民教育省の前身である。

ナポレオン一世は次にリセを創設した。これは明らかにイエズス会のコレージュをモデルに構想されていた。一八一二年には国内に三七校あったリセは、当初、国家行政のエリート養成を目指していた。リセは、一人の校長が監督して、レベル別のクラスで組織された。各クラスでは、学位に応じて序列化された教師が一人で教えた。彼らが中等教育の基盤を築いていく。これと並んで、革命期に生きのびたコレージュは、私立または都市の教育機関となって国家から承認された。

高等教育段階では、大学の法学部と医学部は活動を再開した一方で、帝政は十八世紀から受けつがれた技師養成の諸学校に技芸学校を加えた。この頃にフランス教育システムの特徴の一つが現われた。すなわち、大学とグラン・ゼコールとの並立状態であり、科学の高等教育が大学人からは承認されずにグラン・ゼコールの占有物となる傾向である。

こうしてワーテルローの戦い〔ナポレオンの敗北と退位〕のあと、中等および高等教育は国家による管理の下で完全に再編された。王政復古が大学においては、ナポレオン帝国の遺産相続者たちと、極右王党派やカトリック保守派の支持者たちとの間に衝突を引きおこした。この対立は第三共和政期までさまざまな形をとって続く。しかし王政復古以降、教会と国家との紛争は、とくに初等段階の公教育の創出をめぐって繰りひろげられていく。

6　フランソワ・ギゾーからジュール・フェリーまで――国家と教会の対立

初等段階の知識教育は、ナポレオンには放置されたが、知識人や実業家などのブルジョワの一部が関心を寄せた。彼らはそれに経済的な必要性や社会を鎮静化する手段を認めたのである。国家がその計画を徐々に援用するようになると、これを機に教会による監督から解放される。

一八一五年に「初等教育改善協会」が設立されて、とりわけジャン＝バティスト・ゼーとアンドレ＝マリ・アンペールが活動を牽引した。同協会は初等学校の資金を準備し、イギリスから導入された〈相互式〉mutuelle と呼ばれる方法を模範とした。その学校では助手が教師を補助する。一般に、最年長で成績最優秀の生徒が助手を務めて、黒板や石盤を使いながら非常に合理的な指導法を用いた。一八二〇年代初頭にはフランスに数百もの相互式学校が設立されていた。

こうした成功は、たちまち保守派からの批判を招いた。「この方法がどれだけ堕落しているかは、どの子も交代で同級生の指導者や優等生になれる安直さから容易に感じとられる。そこに共和主義の原理があるのは明白だ」。当時こう記した聖職者は、のちにパリの大司教となった。ここで相互式学校は、まさに潜在的な対抗勢力の場として否定されたのである。

それゆえ、大学人のフランソワ・ギゾーは、初等教育改善協会の一員でもあったが、フランス最後の国王ルイ・フィリップの文部大臣に就任すると、相互教育法を諦めた。ギゾーは一八三三年の法律により、すべての市町村に一つの学校の資金調達を義務付けて、初等公教育を設立した。彼はその時、いわゆる「一斉」simultanée 教授法を課すことを選んだ。これは一世紀前にキリスト教学校修士会が開発しており、われわれが今日でも知っている。つまり、生徒たちが能力別に組みわけされて、権威の唯一の保持者となる一人の教師と向きあう方法である。またギゾーは司祭たちへ、学校教師に対して教えることを許可する道徳性の証明書を与える権限を委ねた。

しかしギゾーは、並行して国家による支配も強めた。初等教員の師範学校を創設し、教員給与の最低額を定め、文部省内の委員会による教科書の検閲を行なった。そしてとりわけ、初等教育に対する視学官の団体が設置された。

ところが保守派は、カトリックの影響を受けた教授法と国家による教育行政との妥協に全く満足しなかった。一八四八年の革命とそれが引きおこした反動は、ルイ＝ナポレオン・ボナパルトに権力をもたらし、保守派に復讐の機会を与えた。小学校教員が生まれたばかりの社会主義の宣伝者だと告発されて、そのうち四千人が罷免されたのは、一世紀後のペタン元帥の政府下での反動を彷彿させる。一八五〇年に公教育大臣のファルー伯爵が法令を発布し、学校への、とりわけ女子学校への、より強い影響力を再び教会に与えた。公共の財源に与れる「自由」教育が国家による監督の外に認められて、聖職者が教育へ関与することが容易になった。

そうした保守的な反動に対抗して共和派が激しく巻きかえしたのは、三十年後である。一八七九年に共和派は選挙で多数を占めると、学校をカトリック保守派と王党派に対する闘争の重要な手段にして、フランス革命期に表明された原理を取りもどした。「公教育は公役務の第一である。一七八九年以来、政府も制度も法律もそうであったように、公教育はいずれ世俗化されねばならない」。一八八一年にジュール・フェリーはこう宣言した。一八七九年から一八八二年までに、八つの重要な法令が学校教育と教職員団《ユニヴェルシテ》の制度全体を国家の責任の下に制度化していった。小学校は無償で十三歳までの義務となり、厳格な世俗性が打ちたてられた。ギゾー法が定めていた「道徳および宗教教育」は「道徳および市民教育」となり、木曜日は休校日で学校外での宗教教育が認められた。

現場では「学校戦争」の時代が始まった。それはカトリック信仰が深く根付いた地域であるブルターニュとヴァンデにおいて、とりわけ顕著だった。とはいえ、共和派は事態を優位に押しすすめた。一八八六年に男女教員が公務員となり、一九〇五年にはコンコルダが廃止されて、教会と国家との分離が決定的に成しとげられた。

7　共和国の学校は不平等か

共和国の学校の設立が、国家と教会との対立の終わりを最終的に告げた。そのあとは唯一、フィリップ・ペタン政府が、一九四〇年から一九四四年まで激しい反世俗的な政策を再び執っただけである。

ところが第一次世界大戦のあと、学校は新たな政治的・社会的争点の中心になった。学校教育に対する、もう一つの要求が現われたからである。技術の進歩、経済の成長、生活水準の向上が同時に進んで、この時に問題となったのは、もはや初等教育ではなくて、小学校以降の学習の継続であった。

さて、リセとコレージュは学問的にも社会的にも、きわめて選りすぐりの教育機関であった。そうしたエリート主義と結びついた教員集団と家族たちに守られて、これらの中等学校は一九三〇年まで有償のままだった。リセはラテン語が教えられる特別な基礎学級に生徒を受けいれていて、それらのなかには一九六〇年代初頭まで存続したものもある。中等教育が無償化されると、第六学級〔コレージュの第一学年〕への進学は入学試験で選抜されるようになり、これが一九六〇年代までさまざまな形式で行なわれた。その時期にリセは、同年齢集団の十五パーセントをかろうじて超える人数の生徒しか受けいれていなかった。

　共和派はこのように、リセとコレージュへの進学の門戸を開くよりも、初等教育のなかにおいて学業が継続される可能性を広げる方を選んだ。彼らはギゾー法によって開始された試みを継承して、一八八〇年代から高等小学校と補習学級を開設した。これらの無償の教育機関では男女の教員が教えており、初等教育修了証を取得した生徒たちを、小学校または高等小学校の教員免許状の取得へ向けて指導した。これが師範学校や公務員試験や実業界での雇用への門戸を開いたのである。第三共和政は技術教育も同様に発展させた。

　以上のように、共和国の学校は二重構造だった。一方では、リセとコレージュが第六学級または学校によっては基礎学級からバカロレアへ向けて準備していく。他方では、小学校を卒業すれば高等小学校教育と技術教育が受けられて、無償で学業を継続する可能性を提供されていた。ただし後者は、バカロレアへも高等教育へも進むことを認めていなかった。

　第一次世界大戦のあとには、そうした教育システムが批判された。左翼の政党は、それが社会的な差別の暗黙の使者だと非難した。と言うのも、教育システムはバカロレアの取得をリセとコレージュの生徒だけに用意しているが、それらの生徒のほとんどが富裕層の出身である。一九三七年に人民戦線内閣の国民教育大臣ジャン・ゼーは、高等小学校教育と技術教育と中等教育を一つにまとめようと試みたが成功しなかった。

8　第五共和政と教育の民主化

第四共和政〔一九四六―一九五八〕の諸政権は、十数もの改革計画を起草したにもかかわらず、そうした教育の二重構造を変えられなかった。ところが、第二次世界大戦後のベビーブームと前例のない経済成長との相乗効果は、学業継続の要求と教育システムに対する批判を激化させた。これゆえ第五共和政初期の全政権が、決定的な改革を実行することとなった。ド・ゴールと周囲の専門家にとって、教育システムはフランス近代化政策の一環としてエリートの採用を拡大する手段になって、国力を維持するために必要な専門技師、研究者、教育者、幹部職員を国家により多く提供しなければならなかった。

まずドゥブレ法が、一九五九年以降、大多数は宗教関係者による私教育を教育システム全体のなかに統合した。これ以降、私立の教育施設のほとんどが、国家と契約を結んで国民教育のカリキュラムを尊重するのと引きかえに、国家がそれらの教師へ報酬を支払うこととなった。同じく一九五九年に、ベルトワン法によって義務教育が十六歳まで延長された。以後十五年間、いくつもの改革が中等教育の第一段階に相当する多様なコースを、技術教育も含めて徐々に一本化していった。こうした過程を、一九七五年にヴァレリー・ジスカール・デスタン大統領の国民教育大臣ルネ・アビが、統一コレージュの創出によって完成させた。並行して、幼稚園も発展を遂げており、就学が法律で義務付けられるのは六歳からであっても、今日では三歳児の九〇パーセント以上が幼稚園に通っている。このような新たな教育システムの主要目的は、指導者たちの考えでは、高等教育と技術教育や職業教育を最大限合理的に提供し、生徒たちに経済的な必要性に適合した進路指導を保障することにあった。

　したがって、教育システムが今日われわれが知っている形態となったのは、一九七五年以降にすぎない。すなわち、すべての若きフランス人が三歳から十六歳まで、幼稚園、小学校、コレージュという同じ施設で学校教育を受ける。リセと高等教育への進学も広く開放されており、二〇一四年には当該年齢集団の七七・三パーセント以上がバカロレアを取得した。この頃から高等教育は二百万人以上の学生を受けいれている。

　しかし教育システムは、今日、若者たちのほぼ全体を収容することにより、現代社会がもたらすあらゆる政治的かつ社会的緊張を取りこんでいる。たとえばライシテ、システムの運営、平等という三つの喫緊の問題が新たな観点から提起される。国内でのイスラーム教徒の信仰の進展は、教会と国家が妥協に至ったライシテの原理を問いただす。宗教の再生と時には過激化が、進化論[5]や脱植民地化やホロコーストといったテーマをめぐる知識について問題を提起するだろう。脱中央集権化政策は、国家と地方自治体との間に責任の新たな分担をもたらす。機会の平等は、もはやすべての人の就学だけではなく、学業不振との戦いを意味する。なぜなら、家族は学校に子どもの教育だけではなく、社会的上昇移動も期待しているからだ。学校の歴史は、つねに学校が本質的には政治的闘争の対象であったことを示す。今日では学校が大衆の制度になっているので、そうした傾向は大きくなる一方である。

原注

（1）H.-I. Marrou, *Histoire de l'éducation dans l'Antiquité*, Le Seuil, coll. « Points Histoire », 1948 ; rééd. 1981.〔アンリ・イレネ・マルー『古代教育文化史』横尾壮英、飯尾都人、岩村清太訳、岩波書店、一九八五〕
（2）C. Charles, J. Verger, *Histoire des universités. XIIe-XXIe siècles*, PUF, 2012.
（3）M.-M. Compère, *Du collège au lycée*, Archives Julliard-Gallimard, 1985.
（4）G. Vincent (dir.), *L'Éducation prisonnière de la forme scolaire ?*, PUL, 1994.
（5）G. Lecointre, *Les Sciences face aux créationnismes. Ré-expliciter le contrat méthodologique des chercheurs*, Versailles, Quae, 2011.

第二章　学校知の構築

社会で通用しているあらゆる知識が学校で伝達されるのではない。学校で教えられる知識、すなわち、学校知は、つねに一つの選択の結果であり、それは教育機関を管理する政治権力や宗教権力によって監督される。学校知はまた、デジタルな知識の伝達をめぐる現代の議論が示すように、経済と科学における競争の産物でもある。しかし、このような知識の洗練は、教師たちの仕事の産物でもある。教師たちは事実上かなり大きな自由を有する場合が多い。加えて、物質的な背景と生徒の評価方法が、教えられる知識の性質を条件付ける。これらの要因が時代によって別様に結びつくとはいえ、教育機関の増大に伴い、学校知の構築にはシステム内部の論理がますます決定的になっている。

1　古代における一般教養の支配

古代ギリシア・ローマにおいて学校知を創出した原理は、アンリ＝イレーネ・マルーによれば、「教養の価値の形而上学的な過大評価」と要約できる。アテネとローマの人びとは、一般教養を神聖化した。ギリシア人貴族の墓がそれを証言する。故人は、いかなる職業に従事していようと、その豊かな学識を褒めたたえられている。そうした教養を築きあげる知識、つまり高等教育レベルで教えられる学問が、政治や知的活動のエリートたちに関心を持たれていた。それはギリシア人には文法・哲学・詩学・修辞学であり、ローマ人には文法・修辞学・法学である。当時の科学的知識、とりわけ幾何学と天文学、あるいは技術に関する知識は、学校では副次的な地位に甘んじるにすぎなかったか、教えられていなかった。

こうした論理からの帰結で、初等段階の学校知へ向けられる関心は薄かった。そもそも初等学校は、教育をめぐる議論の周縁部に長く留まっていた。文字や音節や計算を苦労して学ぶ時、ただ一つの教室で教師が生徒一人ずつに教える間、その他の生徒たちは騒いでいる。この光景はアテネの初等教育の授業から十六世紀の〈小さな学校〉まで、そして、十九世紀の第一四半期における田舎の学校ですら、ほとんど変わらなかったとみられる。

対照的に高等教育レベルでは、学校知が起源以来、政治や文化に関わる社会生活と密接につながる省察や批評や議論の対象となっていた。ギリシアの哲学者はみな、ソフィストたちからイソクラテスまで教育者であった。彼らはまさに学校で思索を洗練したのだ。ローマ帝国において、知的エリートたちは学校知をめぐり絶えず活発に議論していた。たとえば、文筆家セネカ（前六〇―後三九）や歴史家タキトゥス（五五―一二〇）は、当時行なわれていた修辞学の教育が技巧に走りすぎて不自然であり、今日の大学の試験に相当する雄弁術の論戦で目立つことにしか役立たないと非難した。「過度の誇張は真実を脅かす」とタキトゥスは記した。ピエール・ブルデューが〈スコラ的性向〉と呼んだもの――それは「解決する喜びのために問題を提起する」[1]――がすでに暴かれていたのだ。これと同じような批判が中世の大学でも再び現われる。

2　中世の大学における知と教授法の革新

大学は王国と教会へ二重の保護を得ようと接近したので、それらに服従する教師がいたり、学問が技巧的な形式主義に停滞したりすることも時にはあった。しかし、大学制度の柔軟さは、教師たちを集団討論に参加させて彼らの知的創造性を促すこともできた。中世の大学は古代の文献を再読し、それが神学と法学の論争を実らせた。ラテン語作家の文法を学ぶことが学芸学部の教育課程の本質を成しており、それを終えると学生たちは当時最先端の知的省察に直接取り組んだ。こうしてトマス・アクィナス（一二二八―一二七四）はパリ大学で神学を洗練し、アリストテレス哲学の遺産をキリスト教に統合させようと試みた。またパリ大学の法学者たちは、フィリップ美男王と教皇ボニファティウス八世が対立した十三世紀から十四世紀への転換期に、近代国家の法学的基礎を築いた。ジャック・ル＝ゴフは当時の大学に最初の知識人たちを見いだし、[2] 彼らについてミシェル・ルシュはうまく述べている。「気まぐれで荒っぽく、無規律だったが、ペンと口舌の輩こそ当時の学問を担って広めた者たちだ[3]」。

中世の大学はまた、知識を伝達する様式に重大な変化をもたらした場でもあった。書き言葉に従来よりも重要な地位を与えたのである。確かに記憶術が不可欠な地位を保ち、試験はもっぱら口頭で行なわれてはいた。しかし、教育課程が長期化して階層化されると、学生たちは教師たちの教えをノートにとらねばならなくなった。写本職人の工房は、羊皮紙製造者とともに、同業組合である大学と結びついており、現在の学校教科書の先駆けとなる書物の出版を始めていた。

ところが十四世紀末以降、大学での討論は活力を失う一途となり、制度は長い停滞期に陥った。十六世紀に大学は、新しい教育機関であるコレージュに場所を譲る。コレージュは大学の相対的な自由とは反対に、政治と宗教に関わる規則を一体化して、教育をより厳格に枠付けていく。

3　コレージュからリセへ——社会的エリートの道徳化に役立つラテン語

新しいコレージュが対抗宗教改革から生まれた。それは十六世紀に現われて、従来より道徳化への関心と密接に結びつく学校知の考え方に立っていた。「若い領主たちをキリスト教化し、彼らに学問と規律に関する聖職者的な価値を教えこむことが重要だった」とマリー＝マドレーヌ・コンペールは述べている[4]。

こうして教育の基礎を成すラテン語作家のテクストは、それらに認められる道徳と信仰上の価値に応じて選ばれた。『選集』*Selectae* とは、ラテン語作品から抜粋された文集であり、一九二七年に刊行された版まで存在する。こうした書物ではテクストと作者の選択基準が、「信仰、良俗、礼儀、修辞学からの要求[5]」であった。たとえば、大学と主要なコレージュはプラウトゥスやテレンティウスの喜劇の学習を認めたが、イエズス会はそれらの作品を淫らすぎると判断し、次第にカリキュラムから除外していった。十七世紀から書籍業者は学校の読者へ向けて、ラテン語作家の著作から官能的な暗示や神話的物語のきわめて乱暴なエピソードを取りのぞいた版を提供していた。

もちろん、そのような慣行はフランス社会で満場一致の賛成を決して得られなかった。たとえば、コレージュと大学におけるラテン語のほぼ排他的な使用は、十六世紀以来、とくにプロテスタントによって異議を唱えられた。プロテスタントは、すべてのキリスト教徒が理解できるように、聖書をラテン語から諸言語に翻訳したのである。批判はフランス革命期に頂点へ達した。一七九四年にグレゴワール師は、フランス語の使用を擁護すると同時にコレージュ教育の保守主義を糾弾した。「国民と現代人を犠牲にして外国人と古代人をいつも称揚している馬鹿げた偏見は、二千年前か二千里も遠く離れた出来事を称えることだけに執着している」と師は激しく非難した。

しかしながら、ナポレオン・ボナパルトによるリセの創設は、中等教育を通じた知識の伝達に道徳化と保守化の構想を取りもどして強化し、これとともにラテン語が最重要になった。この選択の理由は明白である。「共和主義者か王制主義者か、カトリックか不信仰か、いずれかにならねばならぬにしても、人びとが子どもの頃から学ばなければ、国家は一つの国民を形成せず〔中略〕、それは絶えず無秩序か変化にさらされるだろう」。ナポレオンはこう主張した。これ以後、リウィウスやキケロやヴェルギリウス〔古代ローマ〕から選ばれた抜粋に、コルネイユやボシュエ〔十七〜十八世紀フランス〕も加わった。これらの作家は研究されるよりも模倣されて、文法と歴史と詩作を同時に学ぶのに使われた。韻文も散文も、キリスト教的かつ愛国的な美徳を称揚する作文にとくに役立った。

4　知識と社会的規格化――〈小さな学校〉から共和国の学校まで

道徳化のための知識を規定する同様の動きが、十七世紀以来の〈小さな学校〉にも認められる。ただしそこでは、ラテン語は教えていなかった。

十七世紀後半に教育修道会と都市自治体によって、〈小さな学校〉もしくは慈善学校の設立が増えた。教育修道会には、女子を対象とするウルスラ会、聖母訪問会、聖ヴァンサン＝ド＝ポール姉妹会などがあった。男子を対象にしては、シャルル・デミアがリヨンで都市学校を開設し、ジャン＝バティスト・ド・ラ・サールがランスで一六七九年にキリスト教学校修士会の端緒となる学校を設立した。ラ・サールが唱えた教授方法の原理は、コレージュの教育実践から発想されており、初等学校の歴史に根本的な画期を記した。すなわち、生徒たちが可能な限り学力水準に応じてクラス分けされ、同じ書物を利用して学び、褒賞と懲罰を用いる精巧な方法で厳密に指導される。ジャン＝バティスト・ド・ラ・サールは、礼儀作法の教科書である『礼儀作法集』も公刊して、二百回も版を重ねた。その各章の題目は、知育と行動規範の注入を結びつける考えを示している。「鼻と鼻水のかみ方。くしゃみの仕方について」、「話し方と発音について」、「身体の隠すべき部分と自然の欲求について」などである。十七世紀の新たな〈学校教育形態〉forme scolaireは、知識を与えるのと同時に上流階層で通用している社会規範を植えつけることによって、民衆をより良く教育しようと強く目指した。これ以来、学校は、社会学者ノルベルト・エリアスが呼ぶ〈習俗の文明化〉*La civilisation des mœurs*(6)に加わったのである。

しかし十九世紀初頭まで、学校教育のそうした新たな形態は大都市にしか広がらなかった。田舎の〈小さな学校〉は一クラスのままであり、教師はせいぜい読み書きと正書法しか知らず、生徒は一人ずつ順番に文字を読まされるのが普通だった。

一八三三年のギゾー法以降、キリスト教学校修士会の教授モデルが徐々に普及していった。「万人の初等教育は、今後、社会の秩序と安定を保障するものの一つである」とルイ・フィリップ〔在位一八三〇―四八〕の下で大臣は記した。第三共和政の発足前夜には、フランスの子どものほぼ全員が、少なくとも学期の一部の期間には就学していた。学校では段階別に教科書を用いる教育が一般化しており、懲罰と褒賞が絶えず生徒の勉学を導いていた。

共和国の学校が宗教との分離により、それ以前の時代との根本的な断絶をもたらしたのは確かである。しかしその学校も、支配的な規範と価値を教えこむ計画を引きついで強化していた。そこでは衛生の管理と道徳の授業が体系的に計画されて日常的に行なわれていた。時には算数の問題さえ道徳化の取り組みに役立つように用いられた。一八九五年の教科書から次の引用が証言する。「怠け者の工員が半月に六二フランを稼いでいました。出来高払いにされたら四六フランしか得られません。彼の収入はどれだけ減りましたか」[7]。もちろんすべての教科書がそのように滑稽でもある話題を記載していたのではないが、共和国の初等学校は知育と社会的な価値や規範の教化とを実に密接に結びつける制度であった。

5　二つの新たな学校知——正書法と度量衡

十九世紀の初等学校は、前世紀のキリスト教学校修士会の原理を継承していたが、重要な革新もまた導入した。すなわち、二つの新しい教科内容である正書法と度量衡が初等教育を象徴する知識になった。

それらの出現は学校知が構築される典型例である。はじめに国家の意志が存在した。国民の同一性の構築に関わり、合理的な思考様式の普及を促す知識を優先する思惑である。度量衡と正書法の教育は、国内全域において言語・商業・技術上の諸規範を画一化することであって、新しい産業を担う労働者に必要不可欠な、方法と精確さを尊ぶ精神を教えこむことでもあった。

さて、新たな二つの学校知は、ギゾーが開設した師範学校で強制的に広められると、初等学校の教員たちが職業上のアイデンティティを創りだす科目とするほどまでに受容していった。というのも、初等学校教員の村における威信は、正書法の熟達にかかっていた。それによって村長の書記に任命されるのが普通であり、また、フランス語の正書法よりもラテン語の方を熟知しているコレージュの教員に対比して初等教員の正統性が認められたからである。この過程は次に、試験の論理によって完成された。すなわち、一八八二年以降、初等教育修了証の普及によって正書法が決定的に定着した。それは度量衡と同じく、客観的で正確な成績を示すのにぴったり適していたのだ。

ところが、ジュール・フェリー文部大臣の下で初等教育局長を務め、のちにノーベル平和賞を受賞したフェルディナン・ビュイッソンは、すでに一八七九年から正書法を排除しようと試みていた。彼は一八八〇年に師範学校の視学官と校長へ向けてこう記した。「貴職全員に望むのは、文法家を作ることよりも人間を育てることです。（中略）書きとりとその濫用に代えて、より自由で、生き生きとして、実のある教育が必要なのです[8]」。しかしそれ以上に、教師たちの抵抗が強かった。正書法の排除は決して実現せず、書きとりはテレビの時代になっても学校教育に長く存続していった。

6　自然科学が学校知に認められるまでの困難

アンシァン・レジーム期のコレージュやナポレオン時代のリセは、ラテン語学習に費やす時間が著しく長かったとはいえ、数学と科学を欠いていたのではない。イエズス会のコレージュは最終学年の哲学級で数学と科学を教えていた。このことを同会のラ・フレーシュ校に学んだルネ・デカルトが称賛している。ただし、それらの教科が占めた地位は周縁的だった。

十九世紀にもそうした周縁性は続いており、裏カリキュラムによって具現されていた観さえある。いわゆる〈中央学校〉による革新から、いくつかのコレージュやリセには近代化された科学教育が導入されていた。しかし、科学教育は第三級〔中等教育の後半段階〕で始まるにすぎなかった。さて、十八世紀から継承された国立のグラン・ゼコール、とくに理工科学校は、入学試験を課していて、それにはバカロレア〔大学入学資格〕を必要となかった。したがって、その受験を希望する生徒は、リセの科学コースで第三級以降に科学教育を受けると、そこで彼らは事実上ラテン語と古典人文学の学習もバカロレアへの準備も放棄していた。

大学は医学部を除いて科学教育を提供していなかったので、科学や技術に携わる管理職の養成は、政治や法律に関わるエリート養成と隔絶しているのが歴然としていた。グラン・ゼコールへ備えて一般教養から離れる者もいれば、大学へ入って科学の教養に無縁になる者もいたのである。

こうした状況は非常に早くから問題を指摘されていた。第二帝政期にいくつか改革が試みられたのち、最終的には第三共和政が一八八〇年以降に最も大きな改善をもたらした。共和派は一方で、大学を再編して発展させるため、国内全域でとくに科学関連の学部を設置あるいは再構築した。[9] 一八八八年に科学専攻の大学生は千三五五人だったが、一九一四年には六千人を超えていた。他方では、一九〇二年以降にリセの改革が科学教育に多くの場を与えた。この改革はリセとコレージュに、バカロレアと対応する四つの部門を創設した。すなわち、ラテン語＝ギリシア語部門（A）、ラテン＝現代語部門（B）、ラテン語＝科学部門（C）、ラテン語を課さない〈近代〉科学部門（D）である。中等教育のこのような科目構成は、第五共和政〔一九六八～〕による改革までほとんどそのままの状態に留まっていた。ただし、この科目構成が、科学教育に確固たる承認を与えていたとはいえ、ラテン語と古典人文学を卓越した教科の地位に保っていたのも明らかである。

初等学校では状況が異なった。というのも、リセの基礎学級を除いてラテン語が教えられていなかったからである。それにもかかわらず、初等学校の科学教育は、功利主義による枠組みで維持された。初等教育を義務付けて宗教と分離した一八八一年の法律は、科学教育を「数学と物理や自然科学の初歩と、それらを農業と衛生や主要な職業での手作業または機械を用いる産業技術へ応用すること」に限定した。これによって一世紀以上の間、幾何では畑に囲いを設ける問題や、計算では家計管理の問題が初等教科書に題材を提供してきた。

ところが、第二帝政〔一八五二～一八七〇〕以来、ナポレオン三世の公教育大臣ヴィクトール・デュルイと、続いてセーヌ県の初等教育長オクターヴ・グレアールが、正真正銘の実験科学の教育を導入しようと試みていた。彼らのあとを継いだ第三共和政の指導者には、科学教育は〈信じやすさの克服〉を教えることであり、信仰に理性を有効に対置できる唯一のものであると確信する者もいた。それゆえジュール・フェリーは以前からの態勢を強化し、初等学校の男女教員を〈事物による授業〉の実践へ促した。これは実験科学への誘いであり、共和派は実験科学のなかに、「生徒を感銘させ、真理の探究に認められる力を賞賛するように絶えず繰りかえす機会[10]」を認めていた。しかし、〈事物による授業〉は〈言葉による授業〉へ変わってしまうことが多い。〈事物による授業〉は、実験装置の使用を必要とし、授業の伝統的な秩序を揺るがすものだが、初等教育修了証において評価されるものではなかった。

7 数学によるクーデタ

第二次世界大戦の終結から一九六〇年代の初めまで、政治エリートが望んだ近代化と民主化への断固たる政策は、経済発展と科学の進歩を結びつける経済学者の言説を受けいれて、学校教科における序列の転換を急速に推しすすめた。「教育が重要である。（中略）時代の状況に応じて、それは実利的で技術的な教育だ」とド・ゴールは回想録に記した。彼が科学技術に携わる指導者の養成を望んだのは、国家が工業力と軍事力を発揮するのに必要だからである。これ以降、自然科学の教科が優先された。なかでもグラン・ゼコールへの入学試験で最も重視されたのは、数学と物理である。

したがって第五共和政は、一九五九年以降に着手した構造改革と並行して、科学教育をとくに高等教育段階で発展させた。一九五八年から一九六八年の間に、グラン・ゼコールと技師学校の定員は、その大部分が自然科学系であり、四万人から八万九千人へ増大した。それらの準備学級の定員は一万八千人から三万一千人へ増加した。これに次ぐレベルでは、一九六六年に創設されたIUT（技術高等専門学校）が応用科学への人材の供給を増やした。時を同じくして、ラテン語は卓越した教科の役割を失い、一九六八年の新学期から第六級で廃止された。この改革を遂行した大臣エドガー・フォールは、「真の脱神話化」を前進させるために「民主化へのブレーキ」を取りのぞくと主張した。彼は、もはやラテン語が最も教養豊かな家庭の子弟に有利な選抜試験を維持する手段にすぎないと認め、それを除去すれば、中等教育が与える知識の獲得をいっそう民主的にできると考えたのである。

しかし、ナポレオン時代のリセを継承したフランス中等教育の論理において、教育課程は大学の学問に従って変化する。中等教育課程は最大多数の生徒を教育するためにではなく、最優秀の生徒を選抜するために存在し、選ばれた者が高等教育で最も威信の高いコースへの入学を許可される。これゆえ、数学と科学が権力の座に就いたのは、すべての生徒へ科学的な教養を広める意図からではなく、ド・ゴール将軍とその周辺が望んだ、技師学校の増設を勢いづけるためになされたのだ。

一九六五年には、普通教育リセに新しい四つの部門を創設する改革が行なわれた。Aが文学、Bが経済学、Dが実験科学、そしてCは数学である。たちまちC部門が成績最優秀の生徒たちを引きよせた。そのカリキュラムが理系グラン・ゼコールと技師学校への進学準備課程と理解されたからである。これらの進学先は、その頃から産業や商業で最も報酬が高い仕事へ通じていた。このような動きに従い、選抜試験を経る高等教育諸課程の全体が選考基準を変えて、バカロレアC資格者を優先して合格させるようになり、これがやがて〈バックS〉となった。したがって当時、医師や獣医や商社の管理職になるためには、その二十年前はラテン語優等生だったのが、今や〈数学優等生〉であらねばならなくなった。およそ十年間に、数学が中等教育における卓越した教科としてラテン語に取ってかわったのである。

8　現代の学校――知識の爆発的拡大と内なる位階秩序

数学による新たな支配は、ラテン語優等生時代の終焉の印となったが、学校知をめぐる議論の終了を告げたのではなかった。それ以来、現代の学校は、教える知識を絶えず変化させる要求に直面している。この要求は異なる三つの面で表明される。

まず、大学における学問の急速な進展が変化を促した教科がある。たとえば、フランス語では、大学で言語学が発展したことにより、文法と文学の教育に根本的な変化をもたらした。〈主語・動詞・補語〉という有名な三点セットが〈名詞群〉と〈動詞群〉に変わり、冠詞と代名詞が〈限定詞〉に変わった。テクストの解釈では、〈話者の観点〉や〈語彙の領域〉を見つけることが目指されるようになった。数学では、一九六〇年代末に導入された集合論の教育は、結局のところ諦められたとしても、初等学校での代数と幾何の教育は著しく変容させられたのである。

次に、大学での新しい学問領域の出現が、学校で教えられる知識に直接の影響を与えた。一九六五年の中等教育改革は、経済と社会に関する科学のコース（B。現在はES）を新たに誕生させた。これは二十世紀に大学で現われた二つの学問、すなわち、経済学と社会学との混成物である。科学技術の教育自体も、分子生物学から気象学を経て電子工学へ至る、新しい専門領域の一部を統合しなければならなかった。

最後に、学校は新しい知識の伝達を担ってきたが、それには以前ならば別の場所で伝えられたものもある。コレージュでは、たとえば、手作業に関する教育が科学技術に関する教育に変えられた。このような新たな教育の需要には、性教育、道路交通法の教育、自然科学のカリキュラムでのエコロジーの導入なども数えあげられる。これらが〈生活と地球の科学〉になった。

今日では、学校知の構築と教科の序列化が、社会における科学や文化をめぐる論争から生じるのと同等に、教育システム内での力関係からも生じている。まさにその実現は、政治の優先課題と教師の実践、そして物質的背景や評価方法がもたらす制約などの連環に拘束されたままである。システムの複雑さと、社会からの多様な形で矛盾も孕む新しい需要の圧力が、選択の基準を不透明にしており、論理が必ずしも明らかではない決定に終わっている。これを証言するのは、社会では映像や音楽が中心的な位置の一つを占めているにもかかわらず、学校での芸術教育は脆弱である。

この最後の例は次のことを示す。学校知に関する裁定は、生徒が文字を書く活動を中心とする近代の学校形態が一般化するのに伴って、試験の方法とそれらが教科間に表わす力関係に応じてなされる場合が多い。学問の位階関係は、多様なバカロレアにおける各教科の採点調整係数と高等教育における各教科の重要性から生じ、それが以前から存在するシステムの全体に影響を与える。エンジニアを養成するグラン・ゼコールの選抜入試でデッサンの試験が次第に姿を消したのは、コレージュとリセで造形芸術が決定的に周縁化されることを予告した。こうして芸術・文化教育（EAC）は、初等教育では評価外において発展し、コレージュでは教育省と文化省が共同してその地位を高め、ブルターニュ地方のガンガン Guingamp に国立高等芸術・文化教育研究所〔INSEAC〕が設置されたように、多様な取り組みによって支えられている。また、教科としての物理と化学が抱える困難の多くは、選抜試験でそれらより高い採点調整係数を保持する数学との競合関係による。

システムが実は一番強力な特典を提供するのである。すなわち、中心的な教科は時間割に最も多くを占めるので、担当教員が最も多くなり、組合員数でも発言力が最大となり、視学官の団体も最強になる。以上のように、学校知の構築と教科の序列化は、今日では、社会における科学や文化をめぐる論争から生じるのと同等に、教育システム内での力関係からも生じている。

原注

（1）P. Bourdieu, *Méditations pascaliennes*, Le Seuil, 1997.〔ブルデュー『パスカル的省察』加藤晴久訳、藤原書店、二〇〇九〕

（2）J. Le Goff, *Les Intellectuels au Moyen Âge*, Le Seuil, coll. « Poins Histoire », 1985.〔ジャック・ルゴフ『中世の知識人：アベラールからエラスムスへ』柏木英彦、三上朝造訳、岩波新書、一九七七〕

（3）M. Roche, *Histoire générale de l'enseignement et de l'éducation en France. Des origines à la Renaissance*, Nouvelle Librairie de France, 1981.

（4）M.-M. Compère, *Du collège au lycée*, *op.cit.*, chap. I, n° 2.

（5）A. Chervel, *La Culture scolaire*, Belin, 1988.

（6）N. Elias, *La Civilisation des mœurs*, trad., P. Kamnitzer, Pocket, « Agora », 2003.〔ノルベルト・エリアス『文明化の過程』（上「ヨーロッパ上流階層の風俗の変遷」赤井慧爾、中村元保、吉田正勝訳、一九七七。下「社会の変遷／文明化の理論のための見取図」波田節夫ほか訳、一九七八、法政大学出版局〕

（7）*Première Année d'arithmétiques*, Armand Colin, 1895.

（8）Cité par A. Chervel, *La Culture scolaire*, *op.cit.*

(9) C. Charles, J. Verger, *Histoire des universités. XII*[e]*-XXI*[e] *siècles*, *op.cit.*

(10) P. Kahn, *La Leçon de choses*, Presses du Septentrion, 2002.

第三章　教育実践の進化と教授法をめぐる論争

二十世紀の半ばまで、人間形成と教授活動の基調となる実践は、本質的に権威主義であり拘束と抑圧を伴っていた。古代以来、哲学者と教育学者が個人の精神を教養によって高める教育を行なってきたのは確かだが、しかしその方法は強制的であり続けた。教育に関する考察と経験が、そうした過去の考え方を明らかに断ち切りはじめて、二十世紀と二十一世紀初頭を特徴付ける教育方法への変容を告げたのは、十八世紀の終わりになってからにすぎない。

1　ギリシアの伝統を尺度とする教授法

古典主義時代のギリシア社会が設けた学校組織は、一般教養の厳しい修得に捧げられていた。ギリシアの教授法は長期間の苦行に似ており、先人たちがもたらした学識を敬いながら学ぶことを前提にしていた。教養人の自由には、長い年月の拘束と努力と服従との果てにのみ到達できた。

ギリシアのそうした教育原理が、ローマ人によって、とくに政治と法曹のエリートを養成するため功利主義的に再解釈されたのは確かである。そのうえ、それはローマ帝国の崩壊後、ほとんど忘れられてしまった。こうした教育原理の復権は、十三世紀に中世最初の大学によってなされたが、キリスト教の教義に論理的に従わされた。とはいえ、中世大学における学問の組織化が証言するように、あらゆる実践がギリシア由来の教育原理に依拠しなくなったのではない。学問の基礎として大学で教えられた〈自由学科〉は、ギリシア古典主義時代からローマの学校を介して継承された〈三学〉*trivium* と〈四科〉*quadrivium* の知識である。同様に、ルネサンスの人文主義思想は、古代ギリシア・ラテン作品の再解釈にどれほど多く基づいていたかが知られている。

かくして、教養人の理想像とされた十六世紀の「紳士」は、古代以来のあらゆる教育学の目標を多少なりとも留めていた。ところが、この理想は子どもの個性を認めることを前提としていなかった。反対に、厳しくしつけることこそ重要だった。古代ギリシアの詩人へロンダスは、作品に学校教師を登場させるやいなや体罰に言及させた。「逆らう者たちを鉄鎖につなぎ、打ちすえてやる。堅い皮や牛の尾はどこだ」と、怒りに任せて教師が尋ねる。十五世紀初めに改革派の神学者ジェルソンは、教育における愛情の必要性を想起させようとしたが、子どもの本性を堕落したものとみる、原罪の教義に基づく解釈には忠実なままだった。また彼は親たちに、子どもを「導く」**mener**

には「厳しすぎ」ても「優しすぎ」てもいけないと命じ、鞭の使用は必要最低限に留めた。さらに二世紀のちでも、ボシュエはより直截に幼児期を「動物の生活」になぞらえた。

以上のように、古代から十九世紀を過ぎても、すべての社会階層において広く見られた教育実践は権威主義的で、しばしば暴力的であるままに留まっていたのである。

2 長く続いた伝統的な教育慣行

子ども期に関するそうした在り方を強調した歴史家フィリップ・アリエスの著作が、発表以来、慎重に受けとめられてきたとしても、過去において幼い子どもに対する愛情が、今日の状況とは異なり、家庭生活の主要な問題になっていなかったのは明白である。二十世紀の初めに、そのような精神状態の形跡は、最も倹しい階層にまだ認められた。一九〇〇年生まれで小学校教師を務めた女性は、ブリアンソンに近い彼女の村で次のように伝えている。五歳に満たない子どもの死に母親たちはひどく心を乱されるが、父親たちの多くはその喪失をより容易に受けいれる。彼らの目に幼子の死は「養うべき口をひとつ減らす」ことでもあるからだ、と。

幼児期に対してそのように示された相対的なギャップの大部分を、幼児死亡率の高さと生活環境の過酷さが説明する。幾人かだけでも確保するため多数の子どもを産む必要性が、子どもたち全員への愛情を制限した。加えて、困窮した時期に、五・六歳未満の子どもは、まだ親に依存していて家族の稼ぎを手伝えないので、過重な負担と考えられたかもしれない。

さて、幼児の取るに足らない地位は、認知能力について抱かれる非常に簡単な表象によっても説明される。十七世紀に教会は、古代ギリシアから引きついで、七歳を「理性の年齢」と定めていた。つまり、その年齢から人間は「善と悪を、神に背く行為と神を喜ばせる行為を見分け」られ始める。したがって、七歳までは幼い子どもが、多少なりとも愛情ある母親から監視され、しつけの基本を厳しく仕込まれながら、惜しみなく世話をしてもらっていた。

子ども期と青年期は、今日より短期間であることを余儀なくされて、何より大人たちの生活といっそう緊密に結びついていた。「子ども」、「少年」、「青年」などと区別なく呼ばれていたのは、まず大人に従い、仕事を模倣し、奉仕しながら学ぶ者であった。こうした大人との近さは子どもに高くついた。幼児期には頻繁に鞭で打たれ、やがてゲンコツや適当な物で殴られる。この原則は、子どもたちが学ぶ内容が異なり、体罰の質が同じではなくても、すべての階層の教育にあてはまった。ルイ十三世は子どもの頃、宮廷のあらゆる遊びと見世物に加わった（それには卑猥な見世物や賭け事も含まれた）。未来の王はまた、馬に乗り、狩りをし、武器の扱い方を学び、家庭教師に従わない時には鞭打たれていたのである。

大人の活動にそのように早くから参加したことは、大人の権威の無媒介で時には暴力的な表出を招いた。しかしそれは、拘束されない時間には行動の大きな自由も許していた。村には多くの場合、若者たちの組織があり、正式な承認を受けていた。若者の組織はさまざまな名称（騎士団 *bachelleries*、若者組 *jeunesses*、祭り組 *liesses*、漕ぎ手組 *vogues* など）を持ち、当時とても頻繁な聖俗の祝祭の準備に協力を促されていた。共同体は集団的なアイデンティティの維持に重要な儀式を準備する権限を若者の組織に認めて、引きかえに、当時は「血気盛ん」だった若者の「騒擾」に対する一種の善導を期待していた。そうした指導は困難な場合が多かった。その証拠には、一五九五年にアンジェの司教が教区内で若者の結社を禁止したことが挙げられる。介入の理由は、「若者たちが男女いずれも」宗教上の祝祭のおりに「ノートル＝ダムに捧げる大きなロウソク」を購入すると約束して募金を行なったのは、実のところ若者男女の結社は集めた金を「宴会、飲酒、その他の遊蕩」につぎ込んでいるからだった。

フランス革命ののち、学校教育と徴兵が若者のそうした自律の在り方に終わりを告げたのに反して、教育慣行の基調は権威主義で抑圧的なままに留まっており、教育者たちによる実践が全く同様に強制的であるのを正当化していた。

3　十九世紀の学校教育と徴兵——管理下に置かれた子ども期と青年期

フランス革命以前、軍隊は男性の若者に義務付けられた通り道ではなかった。例外的な「招集」を除いて、強制的な徴兵は無かったのである。

それに対して、フランス革命が国民国家の愛国主義的な論理で一七九八年に義務徴兵制度を創設し、これがやがて大英帝国を除いて全ヨーロッパで採用されていった。富裕層の若者には徴兵を免れる仕組みが長い間あったとしても、その他の階層にとっては急速に、「兵役」が「若者」を「大人」にする男性の長い通過儀礼となり、一九九六年まで体験されてきた。新兵は多くの場合、生涯最初で最後となる遠出の旅をして別世界の人間と交わった。売春婦から性の手ほどき受けて、新兵は性的にも鍛えられた。この頃から軍隊のほうが、労働市場への参入や結婚よりも、男性が成人年齢に到達する印となった。

同じ時期に、一八三三年のギゾー法から小学校教育が民衆層にも普及していく一方、ブルジョワの子どもはますます一体となってコレージュやリセへ通うようになっていた。それらの学校での教授法は権威主義で頻繁に体罰に訴えた。男子生徒の寄宿舎で自慰の禁止が繰りかえされたのは、厳格な道徳による禁圧を証言している。〈学校教育形態〉forme scolaire とは、抑圧的な原理を課すものである。

こうして子ども期と青年期は、人生で最も事細かな制限を受け、枠にはめられる時期となった。その制限や枠は、より客観的で標準化された基準によって定められる。この前段階で、公立小学校やリセの基礎クラスへの通学が徐々に法定化され、子どもを次第に大人の生活から引き離して、子ども期と青年期を象徴的に目立たせていた。また、これ以降、兵役は結婚よりも早く、より明白な断絶となり、男子にとって青年期の終わりをはっきり示した。青年とは、読み書きができてもできなくても、さらに二十世紀初めからは初等教育修了証を持っていてもいなくても、「兵役をまだ済ませていない」者か、悪くすると、徴兵審査委員会に受けつけられていない者となったのである。

そのうえ、徴兵制度と学校教育は性に基づく分化を加速する原因となった。兵役が若い女性には決して関わらなかったのは言うまでもなく明らかである。これほどには知られていないが、中等レベルの公教育は一八八〇年までブルジョワの女子には禁じられており、その年に女子リセが初めて創設された。リセの男子校と女子校で教育課程が一致するには、一九二四年まで待たねばならなかった。このように長い間学校制度が保持してきた立場を、十九世紀半ばに司教デュパンルーが次のように明瞭に述べた。「若い女子は、私生活において、私生活のために育てられる。私が求めるのは、男性を公的生活へ導く授業や試験や学位へ、女性が導かれないことである」。事実、ブルジョワの若い娘たちは、男性が解放されているところもある厳格な道徳の擁護者の役割に閉じこめられていた。そしてとくに、リセが提供する一般教養には近付けなかった。若い女性に関するステレオタイプは、そうした時代へ遡る。貞淑で、ロマンチックで、政治や科学の複雑さを理解するには適さない。この時代のステレオタイプは、十八世紀の自由思想や哲学サロンの時代には、同じような成功を収められなかっただろう。

以上の通り、十九世紀および二十世紀初頭の学校は、徴兵義務制度と同時に、若者を隔離して管理する大規模な過程に寄与していた。この過程の発端は、十六世紀以降のコレージュと修道会の学校に認められ、性別による差異化の強化も伴っていた。小学校で体罰が長きにわたって存続したのは、学校教育のそうした側面を証言している。

4　ルソーからフレネへ――対抗教育文化の出現

十八世紀の終わりから、強制を伴う広く見られた実践に異を唱えて、教育モデルの根本的な変化を予告する対抗モデルが語られ、練りあげられてきた。

十七世紀に、コメニウスの名でよく知られる、モラヴィアの神学者ヤン・アモス・コメンスキーの著作が、子どもの認知心理上の特性に関する考察の登場を告げていた。とはいえ、そのプロセスの出発点となったのは、少なくともフランス語文化圏の諸国においては、一七六二年にルソーが公刊した『エミール』である。この複雑な哲学的著作は、簡潔に総括するのが難しい。その書が新しい教育学を創りだした意義は、著者が子どもを期待される理想像へ向けてではなく、その子らしい存在へ向けて育てることを第一に考える立場をとったことにある。「子どもは全く知られていない。間違った考えに基づいて進めば進むほど迷ってしまう。最高の賢者たちも、大人が知らなければならないことを重視して、子どもが学べる状態にあることを考えない。彼らはつねに子どものなかに大人を探しており、大人になる前の子どもについて考えない。（中略）あなたの生徒をよく研究することから始めなさい。あなたが生徒を全く知らないのは確かなのだから」。この信仰告白は、子どもをもはや単なる未完成な大人ではなく、完全な権利をもつ個人とするものであり、以後二世紀の間革新的な教育学者のほぼ全員によって繰りかえされていく。

その代表例がスイスのヨハン・ハインリヒ・ペスタロッチ（一七四六―一八二七）と、ドイツのフリードリヒ・フレーベル（一七八二―一八五二）である。前者は明らかにルソーを参照しており、その弟子が後者だった。どちらも新しい教育学の先駆者と見なされるのは、彼らの実践の三つの方針が今日まで教育運動の大部分の計画を象徴しているからである。方針の一つ目は、子どもや青年の認知能力と意欲に合わせて教育方法を洗練すること。二つ目は、知的な学習と、その実践への応用と、生徒の遊びや手作業による身体活動を体系的に結びつけること。三つめ目、学校を連帯する諸個人からなる共同体として考えることである。ペスタロッチの生徒たちは、アトリエで作業をするのと同時に、新しい方法によって文字の読み方を学んだ。フレーベルによる子どもの園《キンダーガルテン》（幼稚園）では、遊びが完全な教育活動として重んじられた。また二人の先駆者は、政治行動の面でも新教育運動の典型である。両名とも民主主義のための闘いに加わり、最も困窮した子どもたちに優先して向きあおうと望んだ。

同様の、いろいろなレベルで、ときには哲学的または政治的に異なる目標を掲げた方針が、二十世紀に大きな影響力をもった教育学者の多くに、そして教育の省察と実践に認められる。たとえばベルギーのオヴィッド・ドクロリー（一八七一―一九三二）は総合的教育法の考案者。イタリアのマリア・モンテッソーリ女史（一八七〇―一九五二）は遊びによる教育の活動家。アメリカのプラグマティズムの哲学者にして心理学者ジョン・デューイ（一八五九―一九五二）は、経験を基礎とする活動的な教育方法の推進者。イギリスのアレキサンダー・サザーランド・ニール（一八八三―一九七三）とそのサマーヒル自由学校。さらにまたソビエトの教育学者アントン・セミョーノヴィチ・マカレンコ（一八八八―一九三九）である。

フランスでは、とりわけ第一次世界大戦のあとに教育運動が飛躍を遂げた。塹壕戦での殺戮がもたらしたトラウマと戦後におけるファシズムの勃興が平和主義思潮の出現を促して、それが初等・中等教育での権威主義的な教授方法と、大衆の全体主義的で好戦的なイデオロギーへの服従とを結びつけた。この時期に生まれた青年運動や、民衆教育あるいは成人職業養成などが膨れあがるなか、教育学の領域でとくに現われたのは、一九二二年にフランス新教育団体（GFEN）、一九三六年に活動教育法訓練センター（CEMEA）、そして一九二〇年代末に教師セレスタン・フレネ〔一八九六―一九六六〕が推進した運動である。フレネはサン＝ポール＝ド＝ヴァンスの彼の学級で、新教育の原理の大部分を実践した。すなわち、生徒による新聞の制作と印刷、他校との文通、自主管理の学校組合、学校の社会的・経済的状況に関する調査、自己訂正ファイルなどである。フレネの運動は、とりわけ学校協同組合のように制度化された実践もあり大きな成功を収めたが、ときにそれは当初の目的を犠牲にしてなされていた。

一九三三年にフレネが勤務校を異動させられると、彼は協力してくれていた同僚数名と辞職して、新しい私立学校を設立した。プロヴァンス地方の名士や国民教育省の視学官数名からの敵意がフレネの排斥に至ったのは、新教育に対してフランス社会の多数派が当時表明した強い躊躇の実例である。フレネは子どもを信頼して自律を与えており、子ども同士の協同的かつ共同体的な関係を促進しようとした。こうした意向は、フランスの学校が併せもっていた教授法の二つの伝統と正面衝突するものだった。カトリック教会において優勢な抑圧的な考え方は、古典古代の権威主義的な実践も継承していた。そして、共和主義の考え方は、世俗的な学校を、共和国の価値を断固として教え込むための道具にするものだった。二つの場合とも、教師は権威の保持者なのであり、教会であれ共和国であれ、その権威は生徒たちとの関係の他のいかなる在り方をも超越している。教育運動の偉人たちの出身地が、多くの場合、プロテスタント文化の影響が強く、民主主義の共同体へ参加する思想を奨励してきた国であるのは偶然ではない。また、教会や国家の権威が信者や市民の自由に優越する地域では、教育運動が十分に受けいれられなかったことも驚くことではない。

第二次世界大戦ののち、革新的な教育学者は心理学によって支持されると同時に取ってかわられた。心理学は社会のなかで急速に大衆化し、普及していたのである。

5　心理学者の社会的成功、教育学者の学校での挫折?

心理学は、十九世紀後半に学問として成立して以来、子ども期と青年期へ関心を寄せてきた。二十世紀初頭にはアメリカの心理学が、たとえば青年期に関する近代的な概念を練りあげ、それは「第二の誕生」と定義された。そして発達心理学のなかでもとくにジャン・ピアジェ(一八九六—一九八〇)の研究は、革新的な教育学に科学的な裏付けをもたらした。すでにフレネに影響を与えていた、もう一人の心理学者エドゥアール・クラパレード(一八七三—一九四〇)は、ピアジェの共同研究者であった。ピアジェは子どもと青年の認知的発達について異なる諸段階を研究した。こうして彼の研究は、すべての教育運動に共通する二つの原理を正当化していった。一つは幼児に早くから備わる教育可能性であり、もう一つは青年期の終わりまで認知心理的な成熟のプロセスが進展することである。第二次世界大戦の直後から、心理学と教育学の交流は体系的になり、制度化もされた。アンリ・ワロン（一八七九―一九六二）やモーリス・ドベス（一九〇三―一九九八）といった心理学者が教育研究に取り組み、教育運動はその思索の栄養を心理学から汲みとった。この動きは大学において教育科学が発達する起源の一部となった。モーリス・ドベスはその先導者の一人である。

教育心理学者に加えて、言語学者もフランス語の学習方法の改革を提唱して教育運動の正当化を支援することとなった。こうして教育運動は「六八年五月」の事件を利用して教育政策へ影響を与えたのである。改革の機は熟していた。一九六九年に国民教育大臣のエドガー・フォールが、いわゆる新学校の理論から直接影響された通達を公布した。これによれば、初等教育の新しいカリキュラムは授業時間の三分の一を「目覚まし」活動に充てる計画だった。また、学校制度全体において、五つの文字（AからEまで）による評価の仕組みを導入するように勧告された。目的は成績競争からの影響を和らげ、生徒たちの学業に対して、罰のような意味合いが少ない評価を促すことにあった。改革の一連の措置において、中等教育機関では生徒と保護者の代表が〔成績会議に〕登場することとなった。

しかしながら一九七五年以降、新たな通達はそうした改革の進展を取り消し、一九八五年に社会党政権の文部大臣ジャン＝ピエール・シュベーヌマンが一九六九年通達への準拠を最終的に廃した。

これはフランスの学校から教育改革運動の影響を受けた実践が全く消えたことを意味しない。むしろ、一九六〇年代以降に強く求められていた方法が目立たなくなったのだ。どの学校でも、また、一つの学校のなかでも、教師による授業と生徒による少人数グループ作業を並置するのを目にすることが珍しくなくなった。アルファベット一文字で示す評価と少数を除いた数値で示す評価も併用され、教科書の一節を暗記する学習と自分で資料を調べる学習も両方行なわれるようになっていた。とはいえ教育改革運動は、二世紀以上にわたって提唱してきた革新をしっかり普及させることには成功しなかった。教育改革運動が、一九八九年に創設された大学附設教員養成センター（IUFM）での指導に影響を与えてきたのは確かである。IUFMは二〇一三年に高等教職教育学校（ESPE）となり、二〇一八年には国立高等教職教育センター（INSPE）へと改組されている。同様に、国際比較による教育評価も学校教育制度に一定の影響を与えてきた。にもかかわらず、今日に至るまでシステムの慣性と教員の一部による断固たる反対が、教育の新しいモデルに合意を形成し洗練していくことにブレーキをかけている。

革新的な教育学者たちがそのように半ば挫折したのと比べると、心理学的な知識の大衆化に由来する教育方針が社会と家庭へ急速に広まったことは目覚しかった。一九六〇年代から一九八〇年代に古典的な心理学に加わったのが、それまで教養層に広まっていた精神分析的な議論である。歴史家アントワーヌ・プロストによれば、一九五〇年代から女性向け雑誌が教育について新しい思想を普及させていた。権威・厳しい育て方・強制などに対して、愛情・のびのびした育て方・話し合いなどのほうが優ることを正当化する思想である。ローランス・ペルノー〔作家〕やフランソワーズ・ドルト〔小児医学・精神分析〕がそれぞれの分野で流行作家になり、数十年間のうちに体罰は全員一致で非難されるようになった。

このような新しい教育実践は、経済成長と消費社会の発展に伴って、子ども期と若者期の地位を根本的に変えた。幼い子どもは行き届いた愛情の対象となり、家庭の中心的地位を占めた。思春期の若者は社会的に複雑な人物となった。すなわち、若者は傷つきやすいのと同時に破壊的であり、保護されながら自立へと促される。若者の「危機」は、心配されるとともに期待されているのだ。この変化と並行して、若者期の関係性は余暇の消費活動を中心に築かれるようになり、性行動に関するタブーは決定的に弱くなった。

したがって、自由主義が今日の家庭教育では実践の基調を特徴づけており、古典古代の遺産が最後の痕跡を残す学校教育における伝統的な構造の存続とは食い違っている。さまざまな教育運動によって推奨された革新が今でも認められ続けているのは、教育システムの二つのレベルだけである。まず幼稚園では少なくとも最初の二年間は、遊戯活動、子どもの創造性、対話を基礎にした教授法が行なわれている。次に職業リセでは当初から、平常点による評価、目標別の教授法、集団作業が普通の教育方法である。

しかし、二〇一四年十二月に国の協議会は、文字で記号化された成績評価を廃止する可能性を検討した。それに代わるのはグローバルな基準または専門領域の能力による評価である。二〇一八年に国民教育大臣のジャン゠ミシェル・ブランケールは中等教育に重要な改革を行なった。進路選択のシステムを、より生徒たちの志望に応じられるように改めるため、L（文学）・ES（経済学および社会科学）・S（数学）のコースは、技術教育のコースと同様に廃止された。これは教科間の障壁を取りのぞこうとした多くの革新的な教育学者の思想を継承しており、社会学者ピエール・ブルデューが一九八九年の報告書で強く推奨した改革である。この改革がもたらす将来を予想するには、明らかにまだ早すぎる。

第四章　自律と集権化の狭間にある学校

政治または宗教の権力が学校教育の発展を起源から促し管理してきたとしても、フランスの中央集権的な学校教育行政はナポレオン一世とともに現われたにすぎない。それが第五共和政の下で最も重要な行政機関となり、官僚制的で画一化された管理形態を敷いてきた。ただし、古代から十九世紀までは、学校教育施設とその所在する地域の状況との関係は、つねに学校の機能に決定的な役割を果たしてきた。こうした関係は、十九世紀以降も初等教育において重要な地位を保ってきており、過去二十年来、学校制度全体の進化において中心的な役割を取りもどしている。

1　起源から十九世紀まで

十九世紀の初めまで、学校教育組織はギリシア・ラテン文明によって実施された様態が続いていた。政治または宗教の権力がそれを奨励し規制する役割を担ったが、しかし学校の設立や財源や日常の管理は地域の主導にあった。後者には二つの形式が相互に補完していた。一つは、私人・名士団体・宗教的な共同体や組織といった、一人の庇護者または一つの集団による関与である。もう一つは生徒の家族による出資であり、学費について教師たちと交渉がなされていた。

中世における大学を例に挙げてみよう。十三世紀の終わりにパリ大学は王権と教会による二重の管理下に置かれていた。しかし、そうした管理と引きかえに、パリ大学は同業組合の地位、つまり、運営の自律、税の免除、法律上の特権を手にし、学位の授与を独占していた。大学を構成した複数の学寮（コレージュ）はそれぞれ、設立者からの贈与による収入で活動しており、そうした財源に学生から支払われる授業料が加わった場合が多い。教授たちは、ときに教会の仕事から聖職禄にありつけたが、もっぱら寄付者と学生の納付金から糧を得ていた。国家と教会が監督していたのは事実だが、しかし大学の制度運営のほとんどは、教授と学生の共同体を組織する規則と金銭との相互関係によって、生活規律に関することも教育内容や指導方法も決定されていた。そもそも大学という同業組合は、それを管理する権力と争うことが多かった。

アンシァン・レジーム期の学校制度の様式について、十六世紀における〈小さな学校〉の増大から、また別の説明が示される。この基礎教育学校は三種類の提唱者に由来する。第一に、宗教当局の代表者である、教区の主任司祭、大聖堂の聖歌隊長、修道院長、あるいはまた教育修道会の代表者によって直接設立された。この場合、プロテスタントやユダヤ教徒の学校のように、教師はほとんど聖職者が各地域の宗教当局によって採用され、報酬の一部を与えられた。報酬は資力を持つ親たちからさらに補われた。第二に、村落または都市の共同体を代表する者たちが主導して学校が創設された。この場合は教師が聖職者ではない一般信徒であり、多くは公開の選考を経て地域当局と結ばれた一年契約に基づいて採用された。報酬は生徒の親たちから現物か現金で支払われる授業料で賄われた。第三に、学校は私人によって財源を与えられ、その寄付者が運営の規則や教師の採用を決めていた。生徒の親たちも資力に応じて教師の報酬への寄付に加わるように促されていた。

以上のすべての場合において、教師は地域の宗教当局と市民当局による厳密な管理の下にあり、自分の品行と教育成果に関する報告を当局へ行なっていた。そのうえ、教師は罷免されることも多かった。ただし、大学関係者の場合に似て、王権や教会の権威に支えられ、それを自分の利益を守るために利用する者たちもいた。たとえば、学校教師に必要な条件を定めた勅令を根拠にして、一六二五年にルーアンの学校教師たちが一人の寡婦の活動停止を勝ちとった。彼女は教師の資格証明を持たず、子ども向けに「書き方と計算の学校」を開いていたのである。

2　ナポレオン帝国、学校教育行政、教職員団体

「公教育は帝国全土において教職員団体l'universitéにのみ委ねられる」。この一八〇八年三月十七日王令の第一条が、教育について国家による事実上の独占を打ちたて、以来それがフランス国家の特徴の一つとなってきた。当時ナポレオン・ボナパルトが関心を持ったのは中等教育と高等教育だけだったとしても、この独占が教育制度全体の末端にまで及ぶ一つの行政組織をもたらした。二つの決定的に重要な特徴がそれに由来する。

第一の特徴は、自律性をもちピラミッド型をした運営の仕組みであり、あとに続く政治体制もそれを保持し強化していった。教職員団体総裁（一八二四年以降は公教育大臣）はパリから中央集権的な教育行政を管理した。その代理を地方で務めるアカデミー管区長は、管轄内の教育機関の長たちの活動のみを監督し、国家行政の位階制度において県知事に相当する地位を占めていた。公役務のなかで教育が、軍隊や司法と同等に重要性を認められていたことがわかる。学校教育が拡張するにつれて、ピラミッド型組織の各階梯で、さまざまな管理機関が機械的に付け加わっていった。つまり、視学官団体、教育省による指導、大学区長の業務である。

帝国から受けつがれた第二の特徴は、中等教育の教員と大学の教員が国家の団体となり、軍人や

司法官と同様に公役務で経歴を積み、退職後は年金の恩恵に浴する可能性を与えられたことである。大学入学資格によって地方のコレージュでの助教員の職を得ることから、一級教員資格試験に合格し、さらに博士号を取得して主要都市の名門リセの校長に就くにいたるまで、専門職として教師の歩む道に多様な可能性が生じた。それは国家に奉仕し、学業成績に基づくものであった。こうしたシステムによって、ボナパルトが〈教員団体〉corps enseignantと呼びたかったものが形作られた。それは内部の位階制度を正当化し、その構成員を固定化していく。コレージュの修辞学教師の孫にして高等師範学校卒業生の息子である歴史家リュシアン・フェーブルの家系が象徴するように、医師や司法官と同様に大学関係者からなる家系が急速に生まれた。ウルム街の高等師範学校がレオン・ブルム、エドゥアール・エリオ、ポール・パンルヴェのような政治家を輩出したことは、一九二七年に文芸批評家アルベール・ティボーデ（一八七四―一九三六）をして『教授たちの共和国』と題する風刺文を書かせた。

このように中等教育は十九世紀初頭から、やがてフランスの学校教育全体に及ぶ制度の原型を作った。中央集権化された官僚制的な管理が、教授方法・学校建築・教室備品の標準化という最も目につきやすい特徴に直結した。これゆえ哲学者イポリット・テーヌ（一八二八―一八九三）は、第二帝政の公教育大臣ならば、「この時刻に、この学年では帝国のすべての生徒が、この頁でウェルギリウスを説明している」と断言するだろうと揶揄したのである。

さて、そうした制度は、日常を管理するには有効でも、改革に対しては後向きだった。ある変化が必要となった場合、その制度は「上からの全般的な改革の危険を冒す(1)」ことをつねに余儀なくされる。そして改革は断念されることが多い。と言うのも、しっかり組織化されたあらゆる職業と同様に、教員団体はその起源から、権威の源泉が再検討される恐れのある改革には抵抗しようとした。この場合、教員団体へ国家が委ねていた、知識の捉え方と伝達、ならびに免状の交付に関わる権力が問題となった。こうしたテーマについて社会学者クリスティアン・ボドゥロとロジェ・エスタブレは、十九世紀初頭以来、いずれの改革計画も大学関係者と中等教育教員の大部分に「水準低下」に対する破局的な予想を生じさせていたと想起させる。教員の結社は、一九〇九年に設立された「フランス語と古代語の教員協会」（「フランコ・アンシェンヌ」）や「一級教員資格者協会」のように、教育政策や教授法に関して最も保守的な立場を擁護することが多かったのである。

3　地方自治体と国家との狭間で——初等学校とその教員

中等教育のあとから創設された初等公教育は、あらかじめ存在した中央集権的な行政組織に組みいれられた。しかし、その財源には市町村が決定的に関与したので、初等公教育は地域の環境とより緊密な関係にあった。

一八三三年六月のギゾー法は、「すべての市町村は、単独であれ、近隣の一つまたは複数の市町村と協同してであれ、少なくとも一つの初等基礎学校を運営する」と定めた。「通常の収入が学校の設立に不十分な場合」には、市町村か県会で〈特別課税〉が票決できるとされ、王令によって課せられる場合もあると決められていた。

こうして学校を維持する義務はギゾーによって制定され、国家的な初等公教育が真に出発することとなった。しかし、それを率先するのは市町村に委ねられていた。つまり、それらの多くはかなり以前から学校を開設していたのである。国家からの強制は、市町村の首長や県会が無能力な場合の介入に限られた。加えて、男女教員の採用は、首長、主任司祭または牧師、「住民の名士数名」から構成される〈地方委員会〉によって保障された。一八三三年七月の教員への通達でギゾーは、「あらゆる場合に然るべき敬意」を首長に対して示すのが適切であり、「主任司祭や牧師も尊敬される権利を有する」と呼びかけた。リセとは反対に初等公教育は、その起源から、アンシァン・レジームの地域共同体に根付いていた〈小さな学校〉との連続性のなかにあった。

しかしギゾーは、中央集権化した制度の基礎も同時に築いていた。一八三五年に彼は初等学校視学官の常設団体を創設し、その効力を一八六〇年に公刊した回想録で次のように褒めそやしている。「初等学校への定期的な視察が公教育行政に地位を得た。それは初等学校の利点と進歩の最も強力な保証の一つとしてである」[2]。同様にギゾーは、パリの公教育省に置かれた委員会が行なう学校教科書を認可する手続きも定めた。これは教科書出版社がカルティエ・ラタンに集中する理由の一つとなった。なぜなら、当初はそこに公教育省が所在しており、距離が近いために、出版社は委員会の期待に関する情報を得ることができた。最後にギゾーは、初等学校教員の師範学校を県ごとに開設する決定をした。当時は初等学校教員に師範学校での学修は義務付けられていなかったとしても、各県に置かれた師範学校は職業全体で共通に参照される教養を作りあげるのに貢献した。

一八八六年に第三共和政が、男女の初等学校教員を公務員にして、師範学校卒であることを経歴に課した。初等教育を公教育省の行政組織へ統合する、すでに着手されていた過程を、第三共和政もまた推しすすめたのだ。これ以後、公務員である男女初等学校教員は、視学官から監督されるだけとなり、もはや市町村の首長や地域の名士には従属しなくなった。詩人シャルル・ペギーは、初等学校教員が「共和国の若き軽騎兵」になったと表現した。毎年、各県でアカデミー管区長が臨席して行なう初等教育修了試験に見られた厳粛さは、共和国が初等学校教育に重要性を認め、その監視を望んでいたことを証言している。

しかしながら、共和国の初等学校は、その起源から地域に根ざしており、それが初等教育を中等教育とは異なるものにし続けていた。第一の理由は、市町村には、みずから建設し維持あるいは拡張してきた校舎と、それを運営してきた人びとに対して等しく責任があった。これは国民教育省と絶えず交渉することを前提にしたからである。第二の理由は、初等学校教員は中等学校教員よりも地域の文化に近しかったからである。前者の採用は県の枠内で行なわれていた。したがって初等学校教員は経歴の大部分を同一の地域で積むようにされており、勤務県の変更には上層部から特別な許可を必要としていた。以上に加えて、一九五〇年代に学校教育が拡大するまでは、教員養成がもっぱら師範学校で、つまり県のレベルでなされていた。ジャン゠フランソワ・シャネの研究(3)が示す通り、男女の初等学校教員は出自がつつましく、出身地で採用されるのがほとんどであり、教授活動で考慮に入れる地域の文化を熟知していた。このようにフランスの農村を長く留める地域に根を張っていたことから、初等学校教員が市町村の活動に頻繁に関与し、とりわけ首長の秘書を務めた特徴が理解される。

4　第五共和政とテクノクラートによる中央集権化の頂点

一九六〇年以降に学校教育制度は、人口動態と社会と政治に生じた三重の変化を経験し、官僚制的で中央集権的な管理手段の発達を促した。

ベビー・ブームによる人口の増大、家族からの社会的要求の増加、ド・ゴール将軍が望んだ学校教育の普及、これらの帰結は数字が物語る。一九四五年に公教育全体に就学した生徒および学生の数は約五五〇〇万人であり、うち四五〇〇万人は初等教育段階だった。今日ではその総数が一三〇〇万人強となっている。同じ期間に教員数は私学教育を除いて、一九万人から八〇万人へと推移した。国民教育に関わる人員の総数は、現在、公務員が約百万人に達している。

こうした発展を管理するために、第五共和政初期の政権は、学校制度の中央集権的な管理の強化を選択した。

政治レベルではド・ゴールが、彼に直接報告を寄せる高級官僚の任命も含めて、閣僚の服従を確保していた。これは大学区長ジャン・カペルの場合にとりわけ顕著である。彼は一九六〇年から一九六三年まで教育省で教育課程編成局長のポストにあり、ド・ゴール内閣と直接つながりを保持していた。ジャン・カペルが決定的な役割を演じたのは、統一コレージュへ向かう一段階となった一九六三年に中等教育コレージュ（ＣＥＳ）を創設した改革である。これは今日の歴史家がカペル＝フーシェ改革と表現するほどであり、集合記憶では当時の教育大臣クリスティアン・フーシェが二の次にされる。後続の大統領によってエリゼ宮との関係がそこまで緊密に保たれなかったとしても、この時期には閣僚と内閣レベルでほとんどの決定がなされ、制御されるのが慣わしのままだった。

そのような中央集権化が管理様式の標準化を伴ったのは当然である。これについては学校建築が誰の目にも明らかな一例となる。十九世紀後半以降に建設された多数の学校は、国内全土で一目で同じ様式であるとわかる。第五共和政が一九六三年から一九六九年までの間に設立した千七百校のコレージュは、フランスの全地域で同一の建築基準に従っている。

もう一つ中央集権化と標準化への関心を示す例が、一九五九年から始まった〈学校配置図〉の仕組みである。最初の目的は、教育ニーズに基づく合理的な計画の立案によって、学校教育施設の地理的な不平等を、とくに農村地帯で低減することにあった。それが次に、学区の決定に役立ってきた。家族にはその学区のなかで指定された公立学校に子どもを登録することが義務付けられる。これには私立学校の選択を除いて、高等教育も含まれる。

同様に、教員の管理に関する様式も公職の原則に基づいて標準化された。教員の昇進を決める主要な基準は、勤続年数・家庭状況・子どもの数であり、それに視学官と勤務校の校長による評定が加わる。二〇一六年以来、さまざまな等級における昇進が、少なくとも七〜八年間の勤務を挟んで実施される三回の「キャリア面談」によっても決定されている。これらの面談がキャリアのその後へ向けて昇進の速さを決め、理論上は、評価を議論するいっそうの自律性を教師へ与えるのである。

試験と選抜の編成も例に挙げられる。大学入学資格の編成について教育省の元局長の証言は、中央集権化が生みだした複雑さを説明するのに十分である。「各教科、各系統で試験問題が〈予備問題や代用問題とともに）準備され、タイプ打ちされ、実験台となる教師たちに受けさせた後で印刷され、梱包されて、実施日の前日に試験本部へ搬入される。（中略）教授たちがリストアップされ、試験委員会でグループ分けされて、監督や採点や口頭試問に招集される。（中略）試験が終わると即座に、採点者が招集され、採点を調整する指示が説明される。包みが預けられ、採点され、返却される。（中略）成績が合計され、その後、文書にして配られてから、口頭試問が続く。これが新たな仕組みだ。結局、（中略）教員への手当の支払いがきわめて複雑となる」[4]。同じような手順が、中等教育修了証、技術教育免状（職業適性書CAP、職業教育修了免状BEP、上級技術者免状BTS等）、教員採用試験といった他のあらゆる試験や選抜でも実施される。

しかしながら、二〇一〇年代以降、職業養成課程と、とくに大学入学資格において平常点評価に徐々に重要な地位が与えられている。これゆえ試験の諸手続きは軽減されており、二〇二〇年のパンデミックが引きおこした隔離期間がそのプロセスを加速しそうである。

5　脱中央集権化と脱中心化、あるいは内部分裂

国の大学区制による中央教育行政は、前述の通り、教職員と大量の生徒の管理を独占しながら、

変化に満ちた社会からの要求にうまく応じられないことが多かった。現代学校教育制度の重要な変化の多くが地域社会からの要求の影響下に生じた理由はそこにある。国の中央教育行政は、地域社会からの要求を考慮しなければならなかったけれども、何も決められず、実は何も管理できなかった。

その最も明白な例が、幼稚園の増大である。幼稚園は第三共和政によって十九世紀の慈善施設から作りだされ、一九五〇年代初頭には少数の子どもを受けいれていたにすぎない。その多くは都市民衆層の子どもだった。一九六〇年に五歳児の九一パーセントがすでに幼稚園で教育されていたが、入園者はまだ三歳児では三分の一のみで、四歳児では三分の二だった。この二十年後には、フランスの幼児のほぼ全員が三歳から幼稚園教育を受けていた。歴史学者と社会学者は、そうした過程が三つの起源をもつと突きとめている。第一に、一九五〇年代と一九六〇年代の農村からの急速な人口移動が、都市部に新しい家族を急激に流入させて、子どもの保護の問題を引きおこした。第二に、中産階級が子どもの就学前教育に対して新たな関心をもつようになった。第三に、女性労働の拡大である。当時、地方自治体の首長たちは国の教育行政へ圧力をかけたが、彼らを支持した初等学校教員の組合は、ポストを増やす手段を幼稚園教育の広がりに認めていた。

したがって、フランス教育システムの主要な特徴となった事柄が、一世紀半以上の間、政策決定の対象には全くならなかったのである。結局のところ、二〇一九年七月の法律によって三歳から幼稚園教育が義務付けられた。これは実際、長い時間をかけて事実上確立されてきた状態を承認したものである。

このような傾向を歴史学者アントワーヌ・プロストは「政府による非決定」と呼ぶ。これが脱中央集権化と地方分権化からなる二重のプロセスの実現を促した理由の一つである。一九八一年以降の諸政権は、第五共和政初期の政治過程とは反対の取り組みを選択し、政策決定権の一部を地方の審級へ移管した。一九八二年の地方分権化法のあと、県議会と地域圏議会はリセとコレージュの財源について、また、職業教育の管理に関わることについて、新たに責任を付与された。並行して、国家は〈脱集中化〉、つまり、行政の職階制度における中間的な地方レベルへの権限の委託を実施した。とくにリオネル・ジョスパンによる一九八九年の教育課程計画法は、教育機関が自律するプロセスを加速させた。それ以後、リセとコレージュは予算全体を自由に使えて、各校の〈学校計画〉の枠内で時間割を調整できるようになった。二〇〇八年からは通称LRU法〔Loi relative aux libertés et responsabilités des universités の略。大学の自由と責任に関する法律〕が大学の予算上の自律性を強化した。

これらの新政策の総決算は今のところ不確かなままだが、二つの主たる障害が現われている。

第一の障害は、官僚制の慣行が持続することによる。と言うのも、一方で行政職員は、非常に締め付けが厳しい規則の枠内で、教育省からの指導との関連で仕事を考える習慣にあり、他方ではこの傾向が逆説的にも〈脱中心化〉の過程によって強化されるからだ。すなわち、中間にある位階は新しい責任を、彼らが仕事を調整しなければならない職員に対する権限の増加という意味に解釈する。そしてたとえば、〈評価〉が増殖する（教育計画の評価、学校やアカデミー学区の試験成績の評価、学業不振を克服する努力体制の評価）。これらの評価の目的は、当初は、自律性をもって働く職員が実践を再調整するために、客観的な情報を利用できるようにすることだった。しかし複数の社会学者が強調するのは、そうした評価がむしろ職階制度による管理を増大させて、特定の行政責任者の昇進を保障するのに役立っているのである。

第二の障害は、第一の障害から生じている。自律性と主導性を評価する言説を述べながらも、実際にはその権限を増やそうとしている行政に対立して、教師たちは提案された業務の新しい様式に抵抗する傾向にある。たとえば、教師たちは評価を信頼しない。なぜなら、教師は「評価を、地域の行政機関や学校の責任者によって教育活動に近寄らされる管理の増大であると解釈するからだ。同様に、学校の教育成果が公表された時には、親たちによっても評価される」[5]。教師は、同業者の長い伝統と公職がもたらす地位に支えられて、その職業を非常に個人主義的に行なうのを擁護する傾向にある。学校が引きうけねばならない変化に向きあうため、教員組合出身者を含むあらゆる専門家がチーム作業の必要性を主張しても、この全員一致の意見に対して教師は反対するのである。

したがって、地方分権と権限委譲を進める政策の総括は、むしろ混乱している。〈学校配置図〉

が進化した仕組みはその好事例である。一九六五年に出された通達に従って学校配置図が保障しようとしたのは、「第五次計画の委員会によって達成された準備作業に基づく、中等教育の多様なタイプ間での望ましいバランスと一致する青少年の配分」であり、これは教育政策の権威主義的で中央集権化された発想を象徴するようであった。それゆえ、一九八四年以降、私立学校を支持する世論の大きな動きを強く受けて、学校配置図が課す学区割は〈実験地域〉の増加によって次第に緩和されていくこととなった。しかし、社会学者によるいくつもの調査は、そのように提供された学校選択の自由が、文化的に恵まれた家族によってとりわけ活用されていると示す。すなわち、一九九八年に教員の子どもの一八・六パーセントが学区外のコレージュに在籍していたのに対して、労働者の子どもではそれが八パーセントだけだった。かくして歴代の政権は二十年来、社会からの要求への対応に配慮しつつ不平等の拡大を懸念しながら、中央集権化された制度を維持するか、あるいは地域の当事者へうまく立ち回る自由を与えるかで迷ってきたのである。

社会学者アニエス・ヴァン・ザンタンによれば、地方分権の問題は教育をめぐる現代国家の三つの重大な弱点を明らかにしている。第一に、社会からの要求の多様性が理由となり、優先事項の決定が困難になっていること。第二に、行政機関に決定事項を課す力を欠くこと。第三に、教師たちと建設的な対話ができないことである。これらの困難を二〇二〇年に生じた感染症大流行が例証した。初期段階では、学校教育制度の総体が国家による一方的な決定を適用して全面閉鎖に従った。

しかし、二〇二〇年十一月の国家的な第二次閉鎖の際には、困難を抱える家族が公教育省に対して教育施設の閉鎖を拒絶するように促した。にもかかわらず、教員と地方議員からの要求を前に、公教育省は特定の教育機関を感染率の深刻さに応じて閉鎖する手段を市町村または県へ委ねなければならなかった。中央集権的な政策と地域当事者の自律性との間でバランスを見つけるのは困難なままである。

原注

（1）A. Prost, *Histoire de l'enseignement en France (1800-1967)*, Armand Colin, coll. « U », 1983.
（2）F. Guizot, *Mémoires pour servir à l'histoire de mon temps*, Paris, 1860.
（3）J-F. Chanet, *L'École républicaine et les petites patries*, Aubier, 1996.
（4）B. Toulemonde, *Petite Histoire d'un grand ministère, l'Éducation nationale* , Albin Michel, 1988.
（5）A. van Zanten, *Les Politiques d'éducation*, Puf, coll.« Que sais-je ? », N° 2396, 2004, p. 111.

第五章　職業への教育——同業組合から技術教育へ

「われらがフランスには、ラテン精神が非常に深く浸透して、実用的な教育への偏見が存在する。この偏見は古典の教育を良くするように仕向けず、日常に関わる教育を良くするのを妨げている」。一八六三年に職業教育関連の法令が発布された時、公教育大臣ヴィクトル・デュルイはそう言った。大臣は歴史家らしく、技術や職業に関わる教育がつねに学校との間で困難な関係を続けてきたと強調した。それらは学校から遠ざけられたか、あるいは学校のなかで低い地位を占めてきたのである。彼が〈ラテン精神〉に言及したように、学校教育と職業教育との不調和は、その起源が古典古代からの学校教育の遺産に認められる。

1　古典古代からの継承――「技術者に抗する人間」(1)

古典期ギリシアの教育理想において、技術に関する知識や応用的な学問が文学的または哲学的な知識よりも低く評価されたのは、おもに三つの理由からである。第一の理由はプラトン的な真理観に由来する。それは「感覚の世界」を幻想であると考えて信用せず、「叡知の世界」の優越を主張した。そこに到達できるのは、あらゆる学問を成しとげた人びとだけである。物質に対する精神の優位を説くこの主張が、職業教育の劣位を認める二つ目の理由へつながる。すなわち、一般教養は普遍的とされる真理を目指すので人間を自由にするが、応用的な知識は一つの技術がもたらす境界のなかへ人間を閉じこめてしまう。このことが中世では、手工芸に対する自由学科の優越となって現われた。

さて第三に、より広く知られた理由もある。古典期ギリシアで技術に関する知識が蔑まれていたのは、その地位が社会階級制度において低かったからだ。ギリシアとそれに続くラテン世界の教育理想は政治エリートのものであって、言論の技量を習得しなければならなかった。これに対して、技術的または応用的な知識は、社会が奴隷や下層民にあてがう活動とつながっていた。学校は社会的威信の高い活動と結びつく職業教育だけを採りいれた。こうした理由でローマ帝国は法学を高等教育にした。ローマはヘレニズム期の都市国家よりも行政と司法の組織化に関心をもち、法律家と官吏を必要としていた。帝国の政治と社会の組織に欠かせなくなった法律家は、学校で養成されたのである。

キリスト教中世は、古典古代から知識と社会に関する序列を継承して、これが技術的または応用的な知識の大部分を学校教育で認めることから遠ざけた。ただし、政治や宗教の権力の行使に直接役立つ知識はその例外だった。法学と医学と神学は、こうして中世の大学を支配する三つの学問になった。

2　フランス革命までの職業の伝達——家族と同業組合

学校教育の場は応用的または職業的な知識の伝達から、ほぼ完全に閉ざされたままだったので、それらの伝達は必然的に他の場所で行なわれた。

古代から十九世紀の初めまで、大多数の人間、たとえばフランス革命前夜の農村人口の八五パーセントにとって、農業に実質上つながる労働が職業世界の唯一の領域を成していた。農村世界では、壁土で家を建て、木材で道具を手早く作ることから、パン作りまで、すべては親族の大人たちを模倣することによって身につけられた。そこは技術革新とはほとんど無縁だった。耕作用具のための金属加工のような、より難しい技術を要する物の製造だけが専門の職人工房をもたらし、徒弟修業が行なわれた。

都市空間は、農村と反対に職業が数多くあり、仕事を区分する論理に組みいれられていた。ローマの都市では、課税上と法律上の利益を得る協同組織を早くから結成した職業はわずかだった。そうしたなかでも測量師、看護師、大工、本箱製造者、建築家、武器製造者、刺繡職人などは、協働組織内で技術の教育を行なうことができた。

都市はメロヴィング朝時代に衰退したのち、十一世紀に再生した。それは「技術と職業の団体および共同体」の再生でもあった。それらを近代では〈同業組合〉という用語で呼ぶ習慣になった。フランス革命までは、都市におけるそうした同業組合が職業教育の唯一の法的な枠組みとなった。

さて同業組合の目的は、それぞれの職業活動を政治権力から与えられる租税上と法律上の特権によって保護することである。特権のなかでも職業養成を管理する特権は死活問題になった。養成の特権は今日の薬剤師のように、各職業が独占を保護して自由競争から身を守るために現役職人の数を制限する手段だった。したがって十八世紀パリの職人たちの成文化された規約は、各雇用主に「よそ者」、すなわち主人の家族と無関係の徒弟は一人だけしか認めなかった。このように徒弟修業が職業共同体への参入をふるい分ける機能を果たしていたことは、同業組合の主要な特徴を説明する。

第一の特徴は、養成へのアクセスがきわめて選抜的であった。ある団体へ参入できる契約は、都市内で知られた規約でもあり、多数の志願者を引きよせた。各団体は構成員を民衆の大多数から区別する特権（免税、団体内裁判の実施、都市運営への参加、社会保障のシステム）を確かに保持していた。この特権の印として各職業の代表者たちは、都市生活の節目となる数多くの祭礼の行列に加わり行進することを認められていた。こうした理由から、徒弟修業が許されることは、その元を取れる社会的上昇への希望を表わした。パリでは十八世紀に徒弟奉公契約書の半数近くが、徒弟の両親が親方の職人へ金銭を支払わねばならないと定めていた。

第二の特徴は、徒弟修業のそうしたマルサス主義的な機能から生じた、各職業の「秘訣」の伝統である。これを十八世紀パリの職人たちの契約書すべてが規定している。親方は、「その職業と彼ができることすべてを何一つ隠さず完全に示して教えると約束する」。この透明性の約束がそれぞれの契約で繰りかえされねばならなかったのは、まさにそれが決して確実ではなかったからである。同業組合の保護主義的な論理において、徒弟は二重の意味で潜在的な競争相手となる。働き手がもう一人増えれば、職人たちにとっては賃金の低下が不安になるし、親方にとっては後継者との将来の競争が心配にもなる。この理由から、職業に関する知識は出し惜しんで伝達されて、養成の期間は徒弟が職業の慣習に従うのを保障するには十分な長さとなった。たとえば、十八世紀パリにおける彫金師の徒弟修業は十年間とされたが、当時のあらゆる職業の平均では四年から五年間であった。また同じ理由から、職業に関する知識は、おもに口頭で伝達されていた。

そして最後の特徴は、修業の環境の厳しさである。それはときに過酷だった。徒弟たちは、「食器洗いや子守りの他にも、親方や女将からその職業以外の仕事をさせられてはならない」。一七〇〇年にこう記したのは、道徳的な雇い主である。しかし、平均年齢十二歳で修業を始めていた徒弟たちは、職人たちが飲むワインを買いに行かされたり、「百叩き」の報いを受けたり、「いつでも折り悪く叱られるのが日常的だった[2]」と証言している。当時、徒弟たちは頻繁に逃げだしていた。

産業革命の前夜まで、職業教育はそのように学校と距離を置いたままであり、同業組合における職業上のマルサス主義に役立つ手段にされて非常に狭い範囲に限られていた。

3　自由主義が職業教育にもたらす危機

十八世紀以降、同業組合のシステムは、自由貿易の支持者たちから経済発展へのブレーキとして告発された。「オランダやイギリスにいる労働者は、自分自身が物を作れるようになるために必要と感じる以外の徒弟修業を強いられない。徒弟修業に関する義務も取り決めもいっさい無く、彼は物を作れるようになった時から、何も支払わなくてよい主人なのだ」。こう記したのは十八世紀前半フランスの経済学者ジャン＝クロード・グルネーである。その頃から同業組合の徒弟修業は二つの面で競争にさらされていくことになった。

一つは、国家が直接関与して、フランスの文化と商業の威信や軍事上の課題と結びつく人材養成のために学校を設立するようになった。一六四八年創設の絵画・彫刻アカデミーから一七八三年創設の鉱山学校まで、砲術学校や水路測量術学校なども含めて、約二〇校もの学校が芸術家や技術者を養成する役割を担って設立された。これらの人材養成を大学は無視してきたし、同業組合は非常にわずかな数しか生みだせなかったのである。

より一般的な職業の徒弟修業をめぐっては、二重の動きが進んでいた。一方では、同業組合的な拘束を方向転換する実践が発展して、雇用者たちはとくに徒弟修業の期間を短縮しようとした。他方では、学校化の萌芽が現われて、一七二六年から一七八六年の間に約五〇校の製図学校が王国内の大都市すべてに開設された。こうして一七七六年のチュルゴーによる最初の試みのあと、革命政府が同業組合を決定的に廃止して（一七九一年三月、ル・シャプリエ法）、職業教育の新しい自由な枠組みが整った。すなわち、自由競争がその統制原理であるけれども、ただし国家は、国家的な利益が問題になると判断すれば介入する慣行である。

ところが、新たな論理が認められたまさにその時期に、工業化の急速な進展によって、職業教育は当時の人びとには全体を理解するのが難しかった複雑な問題の中心となった。こうして十九世紀には、「徒弟修業の危機」が絶えず問題となり、この言葉は同時進行する三つの変化を含んでいた。

第一に、産業資本主義が職業労働者に分業と脱資格化を促した領域、すなわち、おもに繊維産業では、徒弟修業が最低限に切りつめられて、児童労働の搾取に場を与えた。一八四〇年頃に繊維産業の労働力の一五パーセントから二〇パーセントは若年層であったと見られる。一八四一年以降、こうした若年層の労働の過酷な状況が公然と告発された。

第二の変化は、伝統的な徒弟修業に関わる。それはもはや同業組合の規約によって保護されず、また、手工業的な職業においても急速に衰えていった。職人たちは機械製品との競争にますます追われて、徒弟の採用を次第に少なくし、養成期間を短くしていった。

これら二つの変化とは反対に、金属加工および機械化の発展と結びつく新しい職業においては、熟練労働力の不足の問題が論争を支配した。フランス最初の鉄道路線を敷設するためイギリスの労働力に助けを求めたのは、国民の誇りを傷つけて人心に衝撃を与えた。これゆえ熟練労働力をいっそう大量に養成する関心が、金属工業と機械工業の経営者たちの頭を一杯にした。

問題のこうした多様性に、たくさんの先導的な取り組みが対応した。一八八〇年代まで、国家による介入は、強力な自由主義的原理が認めることに限られた。つまり、児童労働の規制と何校かの新たな教育施設の設立（一七九四年に理工科学校、一八〇三年に技芸学校、一八二九年に技芸・手工業中央学校など）である。一八六五年には公教育大臣ヴィクトル・デュルイが中等教育に技術コースを設置した。これが応用科学にも十分な水準へ高められて、一九〇二年に科学コースへ変更された。

民間の慈善家や経営者、あるいは市町村によって、さらに数多くの取り組みがなされた。慈善教育機関はカトリック系のものが多く、若年労働者を保護して徒弟修業を課しながら指導した。こうした施設で一番名高いのは一八二七年に開設された聖ニコラ学校であり、パリのヴォージラール通りに今なお続く。同じ目的で、若者も大人も等しく対象とする多様な夜間講座が労働者団体や都市自治体によって開設された。たとえば、理工科学校卒の博愛的な技術者たちは、一八三一年に理工科協会を設立して、一八六七年にはパリで二百の講座を担っていた。また、工場に学校を開設する経営者もいた。なかでも金銀細工業のクリストフル、印刷業のシェクス、金属業のシュネデールとド・ヴェンデルが最も有名である。最後に、多くの都市（リヨン、ナント、ブザンソン、パリ、ル・アーヴル、ミュルーズなど）も、産業団体や民間の寄付者と協同で職業学校を開設した。パリのブール・エティエンヌ学校、リヨンのマルティニエール学校、ナントのリヴェエ学校などが知られる。

これらの率先した取り組みは、差しせまった必要への対処を可能にした。にもかかわらず、二つの問いが未解決のままだった。一つは職業養成に要する費用の分担をめぐる問題である。これに関する規則が存在しないのは、競争相手が育てた労働力の利益に与るだけで全く費用を支払わない企業家たちに利することだった。ここには自由主義の限界が認められる。第二の問題は労働者階級の支持者から提起された。職業養成の内容があまりに狭く、雇用者からの要求を満たすのに限られているという異議である。「まさに問われているのは、自由かつ寛大な民主主義が、労働者階級に知育と徳育を決定的に補うことを保障できる状態にあるか否かだ」。フェルディナン・ビュイッソンは一八九七年にこう記した。

「徒弟修業の危機」は十九世紀の終わりまで時代の問題であり続けた。

4　共和国と「民間主導の技術コンサルタント」(3)

一八七九年一月に共和主義者が政権に就くと、産業発展の要因と見なした職業教育は国力増進と対独復讐へ向けて焦点となった。「国家は産業の戦場でも他の戦場のように倒れて死んでしまう。この大きな危険にこそ、わが国の職業教育が備えるのだ」。一八八三年にジュール・フェリーがそう宣言した。

一八八一年以降は、いわゆる〈徒弟手工学校〉に関する法律が、あらゆる職業教育の学校に共通する枠組みを定めた。施設の管理と教員の採用は設置機関――市町村や県、あるいは協同組合――

に委ねられたが、カリキュラムの管理は公教育省と商業省に共同で任された。一八九二年に商業省がそれらの学校全体の管理を単独で掌握すると、一八九五年に技術教育の部局を新設した。

またたく間に商業省の周辺には、職業学校の発展へ働きかける組織網が築かれた。一九〇二年に設立されて今日なお活動する、フランス技術教育発展協会（ＡＦＤＥＴ）は周知の通りである。その主役には三つのカテゴリーが認められる。まず経営者界では、おもに先端産業領域（重金属、機械・電化製品製造）の代表者たちで、彼らは強力な金属産業・鉱業連合（ＵＩＭＭ）のなかに結集している。これらの企業は養成のコストが高くつく優れた熟練労働力を必要とする。このカテゴリーに大商社や大銀行、あるいは手工芸業の経営者の一部も加わることが多かった。次に政界では、その種の先端産業が経済を支える地域から選出された議員たちが支持を寄せた。最後に官界では、一定数の高級官僚が国家経済に不可欠と思われる技術教育の発展を援助した。そうした官僚は多くの場合、フリーメーソンのロッジ会員であり共和主義者のエリートである。

このような支持によって、公立学校での技術教育は目に見えて発展した。一八八一年の法律以前には数少なった学校が一九三九年には二五〇〇校以上となり、国立職業学校あるいは実務学校が七万人の生徒に教え、そのうち一万五千人は女子生徒だった。一九二〇年に技術教育の監督権は公教育省へ移管されたが、その制度は非常に自律的であり続けた。それらの学校の卒業生たちの結びつきが、フランス技術教育発展協会（ＡＦＤＥＴ）の周囲に当初は築かれたネットワークを強化して、国立工芸院の卒業生ともつながった。国立工芸院の卒業生自身が技芸学校の卒業生であることも多かった。当時の技術教育は民衆層や中産層小市民の子どもにとって社会的上昇への一つの経路となった。この点で技術教育は高等初等教育と競合した。

しかしそうした技術教育の学校は、たちまち卒業生の六〇パーセント以上が指導的な職務を占めたけれども、熟練労働者を求める需要にはきわめて部分的にしか応じられなかった。この理由から、技術教育の発展に力を注いだ当事者たちは、並行して、企業における職業訓練の再組織化に取り組んでいった。

一九一一年に創設された免状が、一九一九年にはＣＡＰ（職業適性証）となった。これが目指したのは、証明書によって職業訓練を規制するシステムを設けることだった。つまり免状が、養成教育の内容をその出口で統制して、資格の定義を安定させる手段となる。一九一九年にはアスティエ法[4]が、職業訓練の実践を国家規模で調整しようと試みた。それはすべての実習生に一般的かつ理論的な教育の授業も義務付け、三年課程を経てＣＡＰに合格することとした。この仕組みは一九二五年に職業訓練税の創設によって強化された。企業は職業教育に関する支出を証明しなければ、給料の総額に応じた税金の支払いを義務付けられたのである。

ところが、これらの法律の施行形態は、自由主義の論理が支配的であり続けるなかで、ほとんどが企業家の善意へ委ねられ、その代表者たちは、たとえば地域の議会で免税に賛成するのを担う多数派だった。企業による学校は、機械産業では数多く創設されたのを除いて、第二次世界大戦前にその効果が非常に限られたままだった。

5　人民戦線から第五共和政まで――調整者としての国家

一九三六年から人民戦線政権は、労働協約のなかに企業による職業免状を承認する基準を定めて、職業訓練をより良く規制しようとした。この進展を逆説的にもヴィシー政府が承認することとなる。一九四二年にフィリップ・ペタン政権は、手仕事の復興を懸案にして、資格の定義において養成時間を考慮するように課した。職業適性証（ＣＡＰ）がそれ以来、職業労働者の地位を定める準拠基準になった。職業適性証はまた、職業と技術に関わる免状の認可について国家による独占を認めたので、事実上、公立学校による技術教育の免状に優位が与えられた。最後に、ヴィシー政府は職業養成センターの発展に出資して、そこに技術教育の指導の運営を任せた。一九四四年には八百以上のそうした施設が活動しており、しばしば不安定な状況にあっても、認証された職業教育を約五万人の若者たちへ提供していた。

こうしてフランス解放後の政府は、元来の職業教育に対して国家による規制の可能性を拓く構造を受けついだ。すなわち、一方には労働者や従業員や技術者の養成を同時に担う教育施設網があり、他方には免状と給料との間に同等性を促す立法が存在する。

そのような遺産は第二次世界大戦後の状況において実を結んだにすぎない。金属工業の企業家たちはすでにしっかりと技術教育に関与しており、二十世紀前半の人口減少と結びついた熟練労働者の不足と格闘した。同時に、彼らは戦後復興の需要に応じなければならなかったし、そのあとには設備や消費財に関わる産業（自動車、家庭用電化製品、航空機等の産業）をきわめて急速に発展させねばならなかった。彼らは職業教育の費用を公正に分担できないことにつねに困っていて、国家による介入の必要性を容易に認めた。この政策をフランス解放後の新たな政治エリートたちが揃って支持したのは、経済領域への国家の介入を推奨するアメリカのニューディール政策のケインズ主義モデルに強く影響されていたからだった。最後に、当時は非常に影響力をもった共産党は、一九四五年に指導者の一人が表明した言葉を引くと、「労働者階級の教育」を認めるゆえに技術教育を支持した。したがって、先行する時期から受けつがれた技術教育の二つの領域が急速に発展することとなった。

ヴィシー政府による「職業養成センター」は、一九四四年から「職業訓練センター」に変えられた。名称は紛らわしいが、重要なのはそれが全日制の職業教育学校になったことである。この学校はとくに労働者と従業員の教育に割りあてられて、一九四九年に学校として決定的な地位を与えられた。それが一九五九年に技術教育コレージュ、一九七六年に職業教育リセ、一九八五年に職業リセと改称されてきた。この教育機関の生徒数は、一九四四年の五万人から一九六〇年には二〇万人以上に増えて、今日では六〇万人を超えるようになった。これは現代の高校生の三分の一にあたる。

それと並行して、技術教育の学校は一九五九年に技術リセに変えられた。これが現行のリセの技術課程の前身である。中間管理職水準での技術教育の専門化を象徴するのは、一九四六年の初級技術バカロレアの創設だった。当時の生徒数は十万人に達していなかったが、今日では技術教育が約四〇万人に関わっている。この大部分は、バカロレア取得後の二年間課程で上級技術者免状（BTS）を目指す。

このように職業教育と技術教育は第二次世界大戦後に中等教育へ組みこまれ、その生徒数は企業での職業訓練者数の三倍である。職業教育と技術教育は、長らく職業訓練に容認されてこなかった学校教育としての正当性を獲得したかのように思われる。

6　見下ろされる教育

今日、職業教育や技術教育を選択する生徒たちは、短所によって、つまり普通教育に留まる水準には成績が不足しているという理由で選択する場合が多い。この生徒たちは例外を除いて、社会学者ピエール・ブルデューが名付けた通り、「内部からの排除者」なのである。これにはおもな理由が二つある。

第一の理由は、古典古代から継承された知識をめぐる位階制度の執拗さにまさしく由来する。学校制度は、技術教育も含む高等教育で最も威信の高いコースへ入るための選抜では、一般教養を優遇し続けている。これゆえ職業教育の基本となる知識は、普通教育で十分に成功しない者たちの教育にあてがわれる。

第二の理由は、学校教育の拡張がもたらした逆説的な結果である。現代の大衆学校教育制度は、実のところ、労働市場で資格化されるすべてのレベルへ向けて免状を提供している。この事実により、職業教育または技術教育による免状の資格が、企業のなかで内部昇進をもたらす可能性は徐々に低くなってきた。要職の地位は高等教育水準の免状によって手に入れられる。大衆への学校教育の普及を背景にして、もはや職業教育と技術教育が一九六〇年代までのようには能力主義的な役割を果たせなくなっている。

ところで職業教育と技術教育は、それらを当初は支持していた企業経営者層からも批判されている。企業は失業の循環を背景にして、国家へ委ねた職業教育の監督権を取りもどそうとした。これは戦後の労働力が豊富な状況は稀であったからである。同時に、国家も経費を削減しようと試みた。国家は職業訓練の発展を促進し、教育の責任を地域圏〔複数の県から構成される地方行政区画〕へ委譲した。一九九三年以降は、理論上は地域圏が職業教育の監督権を有している。これによって職業訓練生の数は増加し、一九八〇年代の終わりに二〇万人だったのが、今日では四〇万人以上である。自由主義の論理が新たに支配的になっているように思われる。

自由主義へのこうした回帰によって、国家の介入によってまさに解決されようとしてきた矛盾が、再び生じている。すなわち、フランスの企業の慣行は、初期の職業教育に必要な費用を引きうけない。したがって、この数十年、職業訓練生の数が増え続けてきた。これは、企業が職業教育に関して従来の状態を乗りこえるのをためらっていることを示す。

このように見れば、職業教育は、全く自由主義的な実践のほうへ回帰するよりも、学校と企業との歩み寄りを組織する妥協的な解決へ向かっていると思われる。職業バカロレアは一九八五年に創設されて以降、その他のバカロレアと同様に、コレージュ第三学級〔中学校最終学年〕のあとに三年間の課程を用意している。これには企業での二二週間の実習も含まれ、実習の成績は試験によって有効とされる。しかし、職業教育の組織化の未来は非常に不確実なままであり、その社会的地位は社会を支配する序列に留まるのが必然である。

原注

（1）この表現はマルーから借用している。H.-I. Marrou, *Histoire de l'éducation dans l'Antiquité*, *op.cit.*, chap. I, n° 1.〔アンリ・イレネ・マルー『古代教育文化史』横尾壮英、飯尾都人、岩村清太訳、岩波書店、一九八五〕

（2）引用は次から。S.L. Kaplan, « L'apprentisage au XVIIIe siècle : le cas de Paris », *Revue d'histoire moderne et contemporaine*, n° 40-3, juillet-septembre 1993.

（3）この言葉は一九二〇年から一九三三年まで技術教育長を務めたエドモン・ラベ Edmond Labbé による。

（4）製薬会社の経営者プラシド・アスティエ Placide Astier は、彼が起草した法律の発布前に亡くなっていた。

第六章　学校と不平等

民主主義の政治制度が樹立される以前は、出生と運命による不平等があまりにも深く社会構造に根付いており、就学の平等は問題にされなかった。十六世紀以降、コレージュと〈小さな学校〉が、かつてより多くの若者に学校教育の機会を与えてきた。とはいえ、フランス革命によってこそ、民衆が学校で知育を受けることが政治生活の重要な争点となった。それ以来、論争は深められ続けて、今日では、就学の平等という言葉が、単に学校教育を享受するだけではなく、学業での成功を意味するまでになっている。

1　古代からルネサンスまで——事物の秩序における不平等

古代から受けつがれてきた社会において、社会的な不平等は、自然または神聖な秩序がもたらす結果であると考えられていた。したがって、知的教育の不平等についても同じことになった。たとえば、ローマ帝国の繁栄期に、初等レベルの学校への通学はかなり普及していたが、ただし、それは都市においてのみだった。教具(蠟板と鉄筆、しばしばパピルスの巻物)の費用と教師への報酬は、都市の庶民の最貧層には無理であったが、最富裕層の手には届いた。中等および高等レベルの学校は貴族の男子が独占していた(女子は決して通わなかった)。それらの高価な教育が、支配階級の子どもたちを世襲による司法や政治の要職へと導くのである。

教師たちの地位は、こうした学問水準の社会的序列化を反映していた。学校の教師はほとんど敬われなかった。それは奴隷や解放奴隷か中産階級の小者の職業であり、報酬は熟練労働者と同じくらいだった。中等教育レベルを教える〈文法教師〉にしても、社会的序列はわずかに高かったにすぎない。高等教育レベルの学校の雄弁術教師だけが、象徴的にも金銭的にも高く認められるに至っていた。

この序列は、十三世紀に大学が創設された時にも同じように再び築かれた。そこでは、中等レベルから高等レベルまで学業を続けるのに十三年から十四年をかけており、学生たちを送り出す家族は、青年の労働力が無くても済み、在学中の住居と食事の費用を賄え、教養も豊かで、子どもが聖職者や法曹職や大学人といった仕事に就く可能性を期待していた。最初の課程を修了するまでに八年ないし九年を必要としたのに加えて、法学や医学の学位を得るには十六年、神学の学位取得には二十五年が必要だった。中世において大学の顧客をおもに構成したのは、貴族の末子と富裕な商人や職人たちの子どもだった。

それにもかかわらず、中世の大学は非常につつましい出自の学生もごく少数は迎えいれていた。彼らは必要な学資の支援を得られたのである。「学生と教師のほとんどが若い貴族であったか、時代が下れば若いブルジョワも含んだのは確かであるが、しかし大学制度は、一定数の農民の子どもたちにも実に社会的上昇を許した」とジャック・ル゠ゴフは述べた[1]。そうしたプロセスはルネサンス以前に現われはじめており、十六世紀からより重要になっていく。

2 コレージュと〈小さな学校〉——十六世紀における就学の最初の広がり

コレージュと〈小さな学校〉が十六世紀と十七世紀に増大したのは、就学の広がりにとって重要な段階となった。十七世紀の終わりにコレージュは、約六万人の生徒を受けいれて教えるほどの密度をもつ学校網をなしていた。

学生がかつての時代には数千人だったのに比べて、かなり増大したのは重要である。ただしそれは、小貴族や都市の商人・職人・法曹職・教師といったブルジョワの子弟で、以前までと同じ階層に利するものだった。新たな事態の原因は、利用可能な統計が示す通り、農村部の富裕層の子どもの割合が増えたことにある。すなわち、農村地帯では農夫と職人の子どもが生徒数の三〇パーセントまでを占めたコレージュもいくつかあった。コレージュは、社会的に選ばれた者たちの学校のままではあったが、歴史家ピエール・グベールの表現によれば「ラテン語の壁」は後退していた(2)。農村の小ブルジョワは限られた少数者であったが、この頃から高等教育レベルの知識、つまり教会と知識人の言語であるラテン語を学ぶようになった。

就学の広がりの第二のプロセスは、当時、〈小さな学校〉と呼ばれた初等レベルの学校に関わる。その発展は断続的で、国内に不規則に分布していたとしても、重要であることに変わりはない。とはいえ、それらの学校が目指したのはささやかな教育に止まり、慈善による援助が無い限り、「授業料」の出費が最貧層の人びとを学校から遠ざけていた。

識字率の大よその測定値は十七世紀末と十八世紀末について知られており、それらは〈小さな学校〉の発展と同時に、その過程が地域や社会階層や性別によって異なっていたことを示している。フランス北部・北東部・東部の大都市では、十八世紀末の革命の頃に男性の七〇パーセントが署名でき、女性が同程度の場合もあった。しかし、南西部と農村部では、その割合が男性は三〇パーセント、女性は一〇パーセントくらいまで低下する。同じ頃にフランス西部の同業組合において、読み方を知っている職人は四〇パーセントのみだった。ただし、親方ではそれが七〇パーセントとなり、主人が女性の場合でも多くは同じであった。

このようにフランス革命前夜には、学校教育の普及があらゆるレベルで進展していたことに疑いない。しかし全体として、学校教育の不平等はそれ以前の時代と同じ性質で続いていたのである。

3 フランス革命期の教育計画における平等

フランス革命期は学校教育に関して、持続する制度を実現するには不安定すぎた。しかし対照的に、この時期は構想には恵まれた。

革命の間に生みだされた多数の計画のなかでも、とくに三つが当時の関心を典型的に示している。公教育に関するタレーラン報告（一七九一年九月）とコンドルセ報告（一七九二年四月）、一七九三年にロベスピエールによって議会で提案されたル・ペルティィエ・ドゥ・サン＝ファルゴーの計画である。これらのどの文書でも、『人間と市民の権利に関する宣言』を適用して、国家によって保障される教育の平等が正式に主張された。タレーランはこう記した。「人間は平等であると認められた。しかし、もし教育が権利の平等では克服できない痛ましい不均衡を少なくとも軽減するように絶えず努めなければ、事実上の不平等に満ちた環境では、この権利の平等は何と全く理解されないことであろうか」。

しかしそれらの文書は、著者たちの思考において中等および高等教育への進学と両性間の平等には、平等原理の適用に限界があったこともまた明らかにする。

たとえばタレーランは、教育の無償をめぐる問いに一つの章を割いて、つねに現実に即した議論を、ある種の自由主義理論家の立場で展開した。彼が初等教育のために「より完全な無償」の必要性を主張した理由は、それが「絶対的かつ厳格に、すべての人にとって共通」であるからだ。しかし彼は、中等および高等教育段階について、「学ぼうと自由に希望する者たちへ社会が無償を適用する必要は少しもない」と考えた。と言うのも、「これらの学校に通う者たちは、非常に実質的な利益も引きだすのだから、彼らがその費用の一部を負担するのは全く正当であるからだ」。

ル・ペルティエは、タレーランの自由主義的な思想と対立していたにもかかわらず、中等教育についても同じように機会を制限する立場だった。彼は中等教育の無償に配慮していたが、しかし進学者数は徹底的に制限した。「人文学、科学、芸術の学習には、五〇人につき一人の子どもが選ばれる」。その他の子どもは初等教育を卒業すると、すぐに「各種の職業や農業に就く」べきだろう。

コンドルセはと言えば、教育の無償の問題については仄めかすに留まっていた。「教育は、費用による必然的な制約が許す限り、全く平等に配分されねばならない。（中略）中等学校は、子どもの労働を長期間必要とせず、より長い年数を、より早くから教育にあてられる家庭の子どもに向けられている」。コンドルセはまた、無償の中等教育を短期間に普及させようとも考えていなかった。反対にコンドルセは、政府が「公的歳入を真に有用な職業へより大きな比率で割く」ようになる時、就学の制約を後退させられると期待した唯一の人物であった。

両性の平等については、タレーランが最初に原則を明確に主張した。「教育はどちらの性に対しても存在しなくてはならない。（中略）と言うのも、教育は公共の利益なのだから、すべての人の諸権利を守る社会によって二つの性のうちの一つが教育の恩恵に与らないことは、いかなる原理からもあり得ない」。とりわけコンドルセは、両性の平等をめぐる問題を非常に重視し、それを主題とする覚書を記して彼の計画に加えた。そこでは、彼が両性の共学をとくに推奨し、進歩的な議論を展開している。にもかかわらずコンドルセは、科学に関しては男性と同様の知的能力を女性に認めなかった。ル・ペルティエは、女子に男子よりも短期間の初等教育を提案した他には、女子の就学についてそれ以上何も述べていない。これらの改革者が賢慮を示した時代に、男性の大多数は教育についてミラボーが論じた次のような見方を支持していたに疑いない。「女性の教育について私はほとんど提案しない。男性は公務のために生まれており、公共において育てられなければならない。反対に女性は家庭生活のために生まれており、稀な場合をいくつか除いて、父親の家から出るべきではなかろう」。

以上の通り、フランス革命による教育の平等をめぐる主張は、確かに過去との根本的な断絶をもたらしたけれども、その実施については当時の経済的および社会的な制約のなかで検討されていたにすぎない。

4　十九世紀の中等教育——差別の継続

一八〇二年から一八〇八年までの間にナポレオンが中等教育を再組織した時、彼はフランス革命期の諸構想のなかからただ一つ、国家による独占だけを実現した。「帝国教職員団 université impériale と関係無く、また帝国教職員団の総裁の許可無く、学校もいかなる教育施設も作ることはできない」。新しい教育機関であるリセは国家の財源によって創設された。コレージュは都市が設立するか私立のままであったが、各学区の教育長による管理下に置かれたのである。

ナポレオンは、それ以外ではアンシアン・レジームの慣行に回帰した。中等教育進学の在り方は不平等なままだった。リセもコレージュも一九三〇年まで有償であり続けた。授業科目は、コンドルセの構想とは反対に、啓蒙思想がもたらした科学の精神をほとんど採りいれず、古典人文学の優越を回復し、とりわけラテン語を重んじた。歴史家フランソワーズ・ワケは、十九世紀のリセとコレージュにおけるラテン語の聖化がとくに社会的な機能をもっていたと指摘する。[3]すなわち、ラテン語はまず「階層分け」に役立った。それは古代ギリシアにおける中等教育の方法で、文化エリートを社会的に卓越させる。「ラテン語がひとかどの意味をもつのは、まさに無用の用ゆえにである」と一八九八年に古典人文学の支持者が記した。リセは有料の基礎クラスも備えていた。そこでは初等学校教師の特別な集団が教えており、生徒は早くからラテン語の初歩を学んだ。このクラスは一九五〇年代に姿を消したけれども、初等教育のクラスを示すのに二つの用語を並置する慣習は長く続いた。第十学級もしくは初級科一年、第九学級もしくは初級科二年、第八学級もしくは中級科一年などといった具合である。唯一、ラテン語のそのような卓越に反して、一九〇二年にラテン語抜きの〈現代〉コースが創設されたとはいえ、一九五〇年代まで低い評価に甘んじ続けることとなった。

リセはまた、男子のみを対象とした。女子リセの創設は第三共和政まで待たねばならなかった。一九二四年にはラテン語を含まない教育課程が女子リセにも導入されたが、これは男子校ほど野心的ではない課程だった。

第二次世界大戦の前夜まで、リセとコレージュは事実上、ブルジョワまたは小ブルジョワの子弟に独占されていた。したがって、一九三〇年にそれらが無償化されても、コレージュ第六学級への入学試験が創設されて中等教育の選良性は保たれた。一九三九年に中等教育進学者は当該年齢集団の六パーセントにも達していなかった。この進学率が二〇パーセントを超えるのは一九七〇年代になってからである。

5　後期初等教育（高等小学校）と技術教育——民衆にとっての中等教育

一八三三年のギゾー法は、市町村ごとに小学校の開設を義務付けるとともに、その教育成果をさらに二年ないし三年間かけて深める高等小学校（ＥＰＳ）の創設も計画していた。このように同法は明らかに民衆の子どもを対象として、初等教育に始まりコレージュやリセといった中等教育と並行しながら完結する教育課程の原理を謳ったのである。後期初等教育用に予定された内容は、中等教育とは決定的に異なっていた。すなわち、「幾何の基礎知識とその日常的な応用」、「線図と測量術」、「生活に役立つ物理学ならびに自然史の基礎知識」、「歴史と地理の基礎知識」である。これらの道具として使える知識が目指したのは、商業や製造業における中間管理職の養成だった。ラテン語を教えず、ましてバカロレア受験へも大学進学へもつながらない。

第三共和政がそうした計画を引きつぎ、ギゾーによって最初に創設された高等小学校に、よりつつましい野心に応える補習講座を加えて進展させていった。第二次世界大戦の前夜には、一五〇〇以上の補習講座と高等小学校五二〇校が開設されており、一〇万七千人の男子と一二万一千人の女子が学んでいた。

こうして教育の平等は一世紀半をかけて、一つの決定的な段階を乗りこえた。すべての人に初等教育が行きわたっただけではなく、後期初等教育が提供する学習を無償で続けることも可能になったのである。ジャン＝ピエール・ブリアンとジャン＝ミシェル・シャプリによれば、高等小学校と補習講座では工場労働者の子どもは少数に留まり、大部分は農民・職人・従業員・小売商人などの子どもであり、その多くはコレージュへの進学が困難でリセへ進めなかった[4]。高等小学校と補習講座の在籍者数に、並行して発展していた技術学校の在籍者数を加えれば、合計の生徒数は一九万人近くに上る。この数はコレージュとリセの生徒数を合わせた一五万六千人に匹敵していた[5]。

優秀な小学生には女子も男子も同様に、高等小学校と補習講座、またそれらより少数ながらも技術学校によって、学習をさらに進めることで職業と社会において上昇移動する機会が無償で提供された。この点から、そうした教育機関は共和国の能力主義の坩堝と呼ばれたのである。たとえば、小学校教員男女の大多数は高等小学校卒であった。

しかし、そうした過程は裏返しても解釈できる。と言うのも、後期初等教育および技術教育が民衆の子どもへ社会的上昇の可能性を与えたとしても、それらの教育はバカロレアや高等教育を受けられるようにはしなかった。第三共和政は、有償の中等教育と無償の後期初等教育または技術教育との共存を発展させることにより、中等教育のみが高等教育進学を可能にしたのだから、社会的な差別を存続させていた、と告発もできる。共和国の学校制度に関するこの批判的解釈こそ、二十世紀後半において有力になっていく。

6　教育機会平等の政策

「毎年、数多くの素晴らしい知性の持ち主が、とても素直で知識欲旺盛で、たくましく努力できるのに、数百フランに事欠くために、無慈悲にも進学から見捨てられている」と、一九一四年にフェルナンド・ビュイッソンは記した。彼はこうして、第一次世界大戦後に強くなっていく共和国の学校教育システムへの批判運動を予告していたのだ。

そうした批判は二つの議論から成りたった。第一に、すでに指摘してきた通り、社会的不公正をめぐる議論である。第二の議論は経済的合理性に関わる。すなわち、高度な学業を継続できる力をもつ民衆層の若者たちの進学を妨げることによって、国家は人材の宝庫を奪われてしまう。これら二つの議論が相まって「機会の平等」という図式を枠付け、左翼の教育政策が根拠にするスローガンとなったあと、すべての政治運動によって受けいれられていく。

一九三〇年から一九七五年まで、歴代の政権はその方向を目指す一連の政策を実施した。人民戦線政府は、義務教育を十四歳まで引きのばし、高等小学校のカリキュラムに中等教育レベルの内容を併せるのは断念したが、それをコレージュやリセのラテン語を含まないコースに近付けた。ヴィシー政府は、共和国の初等教育の影響に対抗するイデオロギー闘争の一環として、高等小学校をコレージュに変えた。これにより事実上、中等教育を統一する過程が加速された。第四共和政は、改革を実施するに足る政局の安定は得られなかったが、多くの構想を生みだした。一九四七年にランジュヴァン＝ワロン委員会が公表した計画は、中等教育前期課程の統一と義務教育の十八歳までの引きあげを勧めており、一九六八年まで左翼陣営の準拠枠として役立った。こうして第五共和政初期の政権が、最も重要な変更をついに完成させた。一九五九年から一九七五年までの一連の改革を通じて、リセの前期課程は廃止され、中等教育前期課程では旧来のすべてのコースが統一コレージュに一本化されて、義務教育は十六歳までとされるに至ったのである。

今日では、制度面から見ればフェルナンド・ビュイッソンによる批判はもはや根拠はない。と言うのも、中等教育は無償であり、すべての子どもが十六歳まで共通の学校教育の恩恵に与っており、教育の民主化は達成されている。にもかかわらず、教育機会の平等の問題をめぐる議論は決して止まず、学校への批判も決して止まない。

7 大衆化された学校の罪

そうした批判が続いているのは、まず何より現状によって納得される。中等教育が一本化されても、民衆層の子どもは他の階層の子どもよりも学業に挫折することが多い。誰の目にも明らかなように、富裕層が住む地域と民衆層が住む地域では、学校による教育成果の格差が、その過程をよく示している。それを毎年、統計が裏付けている。今日では、管理職や自由専門職の子どもがグランゼコール準備クラスの生徒数の五一パーセントを占めているが、労働者の子どものその数は六パーセントにすぎない。社会的差別は、初等教育修了時には明らかな影響を及ぼさず、中等教育の全体にわたって目立たずに長く作用している。とはいえ、教育成果の格差は同じことである。学業の失敗との戦いが多様に企てられた。〈優先教育学区〉（ZEP）は〈優先教育ネットワーク〉（REP）となったが、今のところきわめてわずかな成果を収めているにすぎない。フェルナンド・ビュイッソン以来、根本的には何も変わってこなかったことになろう。

学校が統一されても社会的差別が存続する理由について、専門家は次のように議論している。最もよく指摘される理由は即座に特定できる。多くの社会学者が強調するのは、両親が中等教育または高等教育まで受けた子どもは、二つの重要な利点を併せもつことだ。一つには、教師の期待により良く適応する〈文化資本〉である。つまり、語彙、書物や文字文化の身近さ、教養を高める余暇、学校教育からの要求に素早く適応できる行動様式が挙げられる。もう一つには、家族が学校教育で成功するためのあらゆる戦略を知っている。この戦略とは、教師との対話、選択科目の選び方、転校、個人指導などである。他には、少数ながら次のように考える社会学者もいる。現代的な教授方法が不釣合いに実践されて、生徒たちの自律性に基づく方法（参考文献の研究、研究発表、校外学習や学習旅行、学習課題の作品制作）が頻繁に用いられることが、基礎知識の獲得に充てられる時間を犠牲にしてしまい、家庭の文化的資源が最も少ない子どもたちに実は不利益をもたらすのである。さらにまた、別の社会学者は、小学校でもコレージュでも同様に、教師たちの共同作業が不十分で統率の不足を引きおこし、最も困難を抱える子どもたちに災いしていると指摘する。

しかしながら、報告書は否定的な結果だけではない。両性の平等の点では進歩さえしている。小学校からバカロレアまで、女子が男子よりも学校でよく学んでいる。二〇二〇年のバカロレア合格率は、すべての系列を合わせると、男子が八九・四パーセントに対して女子は九二・四パーセントであった。結局のところ、最も威信が高いコースではなくても高等教育まで到達する若者の数は、一九六〇年以降に七倍になっている。したがって、フランス国民の教育の全般的な水準は著しく上昇してきた。

ところが、第三共和政の末期以来、教育の平等に関する問題が実際は根本的に意味を変えてきた。労働市場への参入をめぐる状況が土台から変化したのである。農業の工業化、雇用における第三次産業の拡大、新しい技術、労働力のための企業移転などによって、ほとんど価値の無い資格に応じた雇用の消失をもたらしている。第二次世界大戦以前は、学校で失敗したからといって職探しの妨げにはならなかった。今日、それは社会的な排除を予測させる。これと同時に、学校が知育と職業教育をほぼ独占するようになった。もはや教会や世俗の活動組織も、労働組合や共産主義政党も、かつてのように学校に代わる人間形成と職業教育の経路を提供できない。したがって今後は、学校に対して、しかも学校のみに、二重の要求が重くのしかかっていく。すなわち、学校はすべての人を最善の職業に就けさせるのと同時に、社会の統合を維持しなければならない。

この状況では、教育機会の平等を保障するだけでは不十分である。つまり、学業不振は社会的な不公正としてのみならず、社会の主要なリスクとしても理解されている。現代社会が教育成果の平等を求める傾向にあるのは、社会的な公正をより多く回復させるためだけではなく、恵まれない若者たちが体現する危機から身を守ろうともしているからだ。これは構造的に不平等な社会において非常に大きな挑戦である。

原注

（1）J. Le Goff, *Les Intellectuels au Moyen Âge*, *op.cit.*, p. III〔ジャック・ルゴフ『中世の知識人：アベラール

からエラスムスへ』柏木英彦、三上朝造訳、岩波新書、一九七七。〕〔引用箇所は、原著者が一九八五年に« Points Histoire »の一冊として再版する際に新たに書き加えた、一九八四年十一月付の序文にある。したがって、初版からの訳書には該当する記述がない。〕

（2）P. Goubert, *L'Ancien Régime*, Armand Colin, coll. « U », t. I, 1976 ; t. II, 1979.

（3）F. Wacquet, *Le Latin ou l'Empire d'un signe*, Albin Michel, 1998.

（4）*Les Collèges du peuple*, Éditions du CNRS et Presses de L'ENS de Fontenay-Saint-Cloud, 1992.

（5）同上書、第四章。

第七章　学校における技術革新

学校で用いられた技術に、十五世紀までは進歩がほとんど認められない。しかし一四五〇年以降、印刷術が大きな革新をもたらした。印刷術は、読み書きをより集中的に行なえるようにしながら、実際の補助教材としての使用から、新たな学校教育形態が社会全体へ徐々に広まることにまで役立った。以来、技術の進歩は著しく加速し、学校は実業家が新商品の使用を試みる市場となった。ところが、学校教育の実践を変えるだろうと予想された技術は、十六世紀から普及してきた近代の学校教育形態を、実際には何一つ問いなおしてこなかったのである。

1　古代から中世末までの非常に緩やかな変容

古代からルネサンスまで、基礎教育の学校で用いられた技術はほとんど変わらない。利用できる史料が比較的少ないため相当慎重に考察すると、ルネサンスまで書き方では錐状のものを使い、さまざまな種類の板状のものに書く技術が最も普及していたと思われる。古代以来、そうした板状のものは木製であり、生徒は蠟で覆われた面に文字を書いてから、へらを使うか指で文字を消していた。印を刻めるように石灰の層で覆われただけの板も重要だった。十三世紀以降にパリでは、そのような板の製造が一つの同業組合に委ねられ、規定が設けられた。値段があまり高くならず、すべての学生が買えるようにするため、板をヒマラヤ杉や糸杉で作ることや、蠟に獣脂を混ぜるのは禁じられていた。

教師が使う物品では、書物はきわめて希少だった。古代ローマ以来、都市の教師たちは、職人がアルファベットを彫ったテラコッタ製の文字片、アルファベットが書かれたタイル、アルファベットの一文字をそれぞれかたどり、並べて単語を作ることのできる陶器製の小片などを使っていた。黒板とチョークを使える教師もときにはいたが、書物を使うのは非常に稀であった。実のところ、最も貧しい田舎の学校では、壁に彫ってあるアルファベットで教師が満足せねばならなかった。

計算に関しては、いっそう単純な手段だった。〈計算〉calcul という言葉は、ラテン語 *calculi* に由来し、子どもが計算を学ぶために手にした「小さな石ころ」を意味する。しかし指計算 *comput digital* の方法が広く用いられていた。コンピューター導入以前の株式取引における身振り言語と同じ方法で、生徒たちは可能な限りの指の折りまげを利用し、両手のそれを組みあわせて数え方を学んだ。最も熟達した生徒は、そのようにして百万まで数えられた。

高等教育段階の学校では、古代ギリシアの体育場から中世の大学へ至るまでに、より重要な技術革新が書き方の慣行を徐々に改良していった。

第一の革新は、パピルスの巻物から、綴じられた冊子本への移行である。ギリシア人と初期ローマ人は、紙葉を次から次へと貼り継いで十メートルにもなるような、長い巻物しか知らなかったけれども、その子孫たちは冊子本の使用が次第に普及するのを経験した。巻物はつねに両手を使うのに対して、書物は扱いやすく、読みながらノートをとったり書き写したりすることが可能となった。にもかかわらず、パピルスの巻物は書物と併用されて中世初頭まで使われていた。

第二の進化は、パピルスから羊皮紙へ、そして、羊皮紙から紙への移行である。羊皮紙は羊または豚の皮から製造され、四世紀からパピルスと競合しはじめ、八世紀には広く普及していた。とくにシトー会修道士は、羊皮紙製造だけにあてる羊の飼育を行なった。こうした羊皮紙は、オリエントから輸入されるパピルスより入手しやすかったが、かなり高価であり続けたため図書館を作るには困難だった。二百ページの手稿本は雌羊八〇頭の皮を必要とした。書かれたテクストを軽石で消して、同じ羊皮紙に書きなおすのが普通だった。書籍業者もそうである。彼らは最新作への需要に応じるため、ときには書物全体を消してから写本者によって新たに書き改めさせていた。

ボロ切れを原料に水車小屋で製造された紙が使われるようになったのは、十二世紀からスペインで証言されており、次いでフランスへ導入された。とはいえ、紙が広く用いられ、出版される書物の数を増大させるほど、正真正銘の製紙業が北イタリアで発展したのは十四世紀になってからだった。結局、羊皮紙は印刷術が発明されるまで、高品質の書物を支えるのに使われ続けた。

最後に、インクの発展はとても遅かった。植物原料または煤と酸を混ぜて作られるインクは、一般に固形だったので、溶かして携帯用のインク壺に入れなければならなかった。この固さは何世紀もかけて改良されていったが、より使いやすいインクを近代化学が提供するのは十九世紀を待たねばならない。それは金属製のペンが鵞鳥の羽根ペンに代わるのと同時だった。

2　印刷術と近代学校教育の形態

一四五〇年頃に、鉛と錫とアンチモンとを混ぜあわせて作った活字の発明が、すでに知られていた木版印刷よりも大きく優れた性能の活版印刷の技術を生みだした。新しい技術は急速に普及し、一五〇〇年以降にはヨーロッパの二三六都市に印刷工房があった。フェルナン・ブローデルによれば、十六世紀には一千四百万から二千万冊の書物が印刷された[1]。

それらのなかで学校教育に関わる書物が当然ながら重要な位置を占めた。フランスで最初に印刷されたのはパリ大学のための書物であり、大作家の参考書に加えてラテン語文法書や修辞学の教科書だった。そのうえ、低品質の紙と再利用の活字を使った廉価本、〈小さな学校〉向け教科書の出版が、あっと言う間に儲かるようになった。

ABC読本も急速に普及した。そのなかには『神の十字架』と題された読本のように一世紀以上も版を重ねたものもあった。印刷術が提供したたやすさから、子ども向けのより魅力的な教科書を思いつく者もいた。それを証言するのは、『豚の丸焼き。もしくは子どもにラテン語とフランス語で読むことを良く教える易しい方法』である。この本は十七世紀後半にブルゴーニュ地方で出版され、各ページに美食に関する挿絵が描かれている。[2] 十八世紀には子ども向けの挿絵入り教科書が富裕者層に広まった。全体として、子どもが〈小さな学校〉に通う家族の大部分は、まだ貧しくて書物を購入できなかった。これとは反対に、教師たちは次第に書物を少なくとも一冊は所有できるようになり、それを子どもたちに一人ずつ順番に使わせて教えていた。

印刷術がとりわけコレージュと大学において、教育と書物や書くこととの関係を変えたのは明らかである。学校の蔵書が増大して、子どもが学業を続けられる階層では、個人による書物の所有も可能になった。教師や学生の一人が教室で全員へ向けて書物を朗読するのは、当時まで教授法の中心にある慣行だったが、この頃から廃れてしまった。教師はコレージュの生徒や大学生に、大作家の作品を読んだり書き写したりする個別学習を頻繁にさせて、宿題にコメントを添えたり誤りを直したりするのに多くの時間を割けるようになった。同時に、若者に各自で書物を解釈する可能性が開かれたことで、指導者は自分たちの指導を逸脱する危険に不安を募らせ、検閲と管理を組織的に行なうように促した。これらが新たな学校教育形態の特徴となった。

こうして印刷術は、とくにコレージュで、口述と記憶と集団に基づいた古くからの教授法の慣行を衰退させて、書くことと個人作業による、いっそう組織的で管理された指導を促がしたのである。

3 十九世紀における教材の産業化

十九世紀の間に、書物と学校は現代の特徴である相互依存関係へ入っていった。この原因には、一方では印刷にも紙とインクの製造にも技術の進歩があり、他方では就学がすべての人へ普及したことがある。これら二つの過程が相互に促しあった。

その進展から教育出版は明らかに恩恵を被った。フランソワ・ギゾーは、小学校に関する法律を公布する以前から、現存するすべての小学校へ教科書を普及させることに専心していた。一八三一年から彼は官製教科書の出版を実行し、一八三四年までにそれらの教科書が最も貧しい学校へも行きわたった。かくして百万部を超えるＡＢＣ読本と読み方の教科書が、二十万冊の教理問答書と三万五千冊の算数の教科書とともに配付された。ギゾーは教育出版をパリへ集中させることも推進した。彼が国民教育省のなかに教科書検閲委員会を開設したことで、委員会のメンバーと特別な関係を築いたパリの出版業者には大きな便益が提供された。

ルイ・アシェットの場合がその例である。大学人の彼が一八二六年に設立したこの会社は、創設者と教員層のつながりと同時に教育省との地理的な近さからも利益を得た。地方の出版業者は教科書市場から急速に引き離され、既存または一八三〇年以降に創設されたパリの大出版社は莫大な利益を分けあった。一八五〇年以前にはブラン社、デュノ社、アシェット社、ガルニエ社、プリヴァ社である。これらほど有名ではない数社や、さらに一八五二年にはラルース社、一八六五年にはドゥラグラーヴ社も加わった。

当初から大学人と教員たちは教科書執筆が収入を補う重要な財源であると見なしており、倫理的な問題が提起されることは無かった。たとえば、文部省が配付した最初の五種類の教科書はギゾーに近い高級官僚が書いており、「発行部数は大量であり、それらのうち四点は匿名だったので、ゆとりある秘密の収入を保証していた」[3]。そののち透明性は打ちたてられたが、今日でも視学官団体のメンバーに教科書の執筆者と同時に教育課程の立案者である者がまだ残っているのは、証券取引所でのインサイダー取引によく似ている。

十九世紀前半に出版業で始まった動きが、世紀後半には他の領域の経済活動に影響していった。学校備品調度類、インク、学習用ノート、ノートカバー、ペンとペン入れ、石盤、目盛付きの定規と三角定規、掛地図や掛絵図、吸いとり紙、ランドセル。これらの物品は、いずれも専門の製造業者によって提供された。学校は次第に、需要と供給の法則に従って技術革新が行なわれる市場になっていった。学校で普及した商品には、学校制度の責任者によってあらかじめ計画されておらず、しばしば彼らの好みに反したものもあった。このような進化は第二次世界大戦の前には稀だったが、二十世紀後半には激しくなっていった。

4　二十世紀後半の静かな変容

一九五〇年代初頭にビック社が学校に宣伝用の吸いとり紙を配った。それにはボールペンを握った少女が描かれ、「ビックのボールペンできちんと書ける」と言っていた。二十年後、ある教育学事典には次のように記されている。「フランスは、子どもにまだ鉄製のペンで書かせている数少ない国の一つである。にもかかわらず、ボールペンの使用が発展し、書き方の質を損なってきたと主張する教師もいる(4)」。

したがって、小学校やその他の学校教員たちはビック男爵〔マルセル・ビック〕に二十年余り抵抗してきたわけだが、しかしペン軸は、人間工学に沿った形状に色とりどりに成形されて、一九七〇年代にも姿を消さなかった。それでも能書術は、数世紀来、学校の基本となる訓練であり、いくつもの徳性が付与されてきた。すなわち能書術は、繊細な運動性と呼ばれるものを使いこなすのに加えて、集中・規律・忍耐といった「自己管理」に適するあらゆる資質を要求する。近代の学校教育形態は生徒たちに何よりもそれらを育もうと目指していたのである。しかし、筆記用具の普及によって、能書術は第二次世界大戦後にその必要性を失ってしまった。書いた文字が完全に読んでもらえることは、仕事上のすべての書類が手書きだった時代には不可欠だったが、もはやそれが絶対的に求められなくなった。同時に、ベビーブームに対処するため大量採用された、小学校やその他の学校教員男女の新世代は急速にボールペンに慣れていった。これゆえ、そうした教師たちは、文字の線を太く書いたり細く書いたりすることを放棄するのが、かつての教師たちよりもたやすかった。

同じように、謄写版印刷の新しい技術が学校教育機関に急速に導入されて、日常の実践を有意義に変えていった。セレスタン・フレネが初歩的な印刷装置を使って最初の実験を試みたが、謄写版印刷はアルコールを用いる複写機の導入により一九六〇年代初頭に第一の発展を遂げた。ちょっとした手書きまたはタイプ打ちの教科書、穴埋めで完成させる文章や計算、書きこめる地図など、謄写版印刷された資料は生徒と教師間のより双方向的な関係を促し、手書きで提出される記録を補うことを可能にした。コピー機は十五年ほど遅れて普及し、そうした実践を教育制度全体の規模で可能にして、著作権を保護する法規制を必要とするほどまで広まっていった。今日では中・高等段階のすべての教育機関がコピーサービスを備えており、常勤の係員が少なくとも一人は雇われている。教師が配る資料を分類してまとめたり、コピーされた問題に回答したりすることが、今では生徒にとって普通の活動になり、かつては書き写しに割かれていた時間を大幅に短縮した。このあいだに紙挟みが少なくともノートと同じ重要性を獲得した。これと似通っているのが、オーバーヘッドプロジェクターに次いでビデオプロジェクターが使われるようになったことである。これらはとくに教師がスクリーンに映される資料を変えて生徒の活動を導けるようにするもので、広く用いられるようになった。

静かなる変容の最後に挙げる事例は、計算機の使用である。これは急速に計算尺に取ってかわった。計算機は教育機関で初めは黙認されていたのが、やがて正式に認められて、暗算をほとんど廃れさせてしまった。しかし暗算は、長い時代にわたって生徒たちの基本的な美質とされてきた実践である。

以上のように、技術革新の目立たずとも決定的な導入によって、二十世紀初頭の学校では中心に位置していた能書術、筆写、暗算などの活動は数十年間で周辺へ追いやられた。にもかかわらず、それらの新しい技術の成功とは対照的に、同じ時期に政治権力が導入を計画して進めた別の技術革新は失敗していくこととなる。

5　教育テレビとコンピューター計画――技術導入断行の災難

一九四七年に、視聴覚センターが教育の新技術を発達させる使命を帯びて、サン・クロード高等師範学校に加えられた。これと並んで一九五〇年以降、国立教育研究所（現在のフランス教育研究所）にも同様の使命が課せられた。一九六二年には国民教育省からの求めに応じて、視聴覚教育の手段を拡張する計画が立てられ、一九六七年に更新された。一九七〇年代初頭に教育ラジオ・テレビ放送は、一年間にラジオで二千番組、テレビで一千番組まで広まっており、各番組の放送時間は十分から三十分までだった。同じ頃、マルリ＝ル＝ロワにテレビ回線を備えた視聴覚教育の実験コレージュが設立され、映像と音響で全面的に支援される教育が可能になった。

しかしながら、一九八〇年代の間に、テレビは家庭生活と、とくに若者たちには欠かせない日常的なものになったにもかかわらず、学校教育放送は姿を消してしまった。

学校教育におけるコンピューターも同じような災難に遭った。一九七〇年から、コンピューターによる教育の実験が五十校のリセで行なわれ、五百人の教員が養成を受けた。並行してグラン・ゼコールの情報処理技術者たちが、教育目的に特化した情報言語である「教育シンボル言語」（ＬＳＥ）を開発した。一九八一年からはフランソワ・ミッテラン大統領が情報教育を七年任期における優先課題とし、一九八五年に情報教育計画を打ちだした。これによりコレージュ、リセ、大学に八万台を超えるコンピューターが設置され、ソフトウェアを購入する予算も用意されて、情報教育を担う教員の養成に特別な努力がなされた。

ところが、数年を経て総視学官はこの政策が「半分失敗」であると記録した。そこでとくに指摘されたのは、六〇～七〇パーセントの教員が情報教育のために養成されていながら、情報機器を利用している教員は一〇～二〇パーセントを超えていなかった点である。

教育テレビとコンピューター教育の二つの場合、失敗の説明に同じような理由が援用される。第一の説明は物的な次元で、教育施設にテレビ受像機の設置が不足していたことや、一方では性能が高くないフランス製パソコンの選択が課せられ、他方ではソフトウェアの配送が遅れていたからだ。軍人〔ド・ゴール〕の言葉をもじれば、財政問題が政治決定に従わなかったのである。これに劣らず第二の説明も、二つの場合に共通して決定的に見える。教育テレビの責任者アンリ・コルマリは文学の教授資格者であり、一九七二年にこう記した。「教師は、とくに中等教育の教師は、視聴覚機器の補助によって、授業の進行役、言葉の最も独占欲が強い意味では授業の「支配者」maître

の役割を奪われたように感じる」[5]。三十年後には歴史家のクロード・ルリエーヴルが、コンピューターの使用に対する教師たちからの抵抗を、教師の責任は相対化しながらも次のように述べた。「ほとんど誰も、コンピューターによる教授法の多様な可能性を理解できず、この新たな機器について適切に考慮すればもたらされる斬新な貢献を利用できなかった」[6]。

したがって、教育テレビや初期パソコンの導入が失敗したのに対して、コピー機や計算機は教授法に重要な変化を引きおこしながら、いずれも容易に取りいれられた理由がよくわかる。技術革新は、教師の職業上のアイデンティティと近代の学校形態の核心に留まり続けるものを問いなおさなければ、成功する可能性がより大きくなる。つまり問題は、知識の伝達においてクラスに向きあう教師だけが保持する独占権である。教師たちは言わば自由職業人のように生きており、その権威は活動やコミュニケーションや学習を組織する能力よりも、所有している知識に依拠する。図式化すれば、伝統的な教師然たる仕事を簡便にする技術革新はたやすく受けいれられるが、そのような仕事を問いただす技術革新はむしろ拒絶されると言えよう。

この仮説によって、今日では学校でテレビが効果的に利用されている状況や、コンピューターが次第に導入されるのを最終的に可能にした事情に思いいたる。真に成功を収めたのは、テレビそのものではなくてビデオデッキなのである。授業のなかにビデオ映写を規則的に盛りこむことが、以前から教師による講義を補助していたスライドやスーパー8フィルム〔コダック社製〕の映写のあとを継いだのだ。コンピューターに関しては、一部の人びと、とりわけ教師たちによって仕事道具として受けいれられたあとで、学校への第二の導入に成功した。これはとくにインターネットの発達以降である。ネットでの資料探索、成績のコンピューター処理、メールのやり取りは、いずれも教師と生徒の作業を容易にする行為であり、授業の伝統的な進行に疑問を差しはさむことはない。たとえその頃から、生徒たちのインターネット接続が普及して評価の伝統的な方式を揺るがし、また、生徒がネットで集める情報の学問的な信頼性が問題になっていても、授業の伝統的進行は不問に付されたままである。

6 Eラーニング、デジタル、学校教育形態の持続

二十世紀末から情報とコミュニケーションの新技術は、ネットワークの発達と同様に、教育における技術革新への関心を更新してきた。インターネット（英語ではEラーニング）を通じて、とりわけ大人たちと「放課後」の視聴者を対象とする遠隔教育の在り方が発達を遂げ、さらに最近では、デジタル技術能力を活用するプレゼンテーション教育も発達している。国内すべての地方自治体が国家と同様に、たとえば二〇一一年から実施された「未来への投資計画」のように、ハードウェア

と社会資本の整備計画に財源を与えることによって、あらゆる形態でのデジタル技術の利用を推進してきた。にもかかわらず近年では、教育への問いかけがデジタル技術革新の世界から大いに提起されていても、デジタル技術革新への問いかけは教育界では提起されていない。時として教育実践が開放的な革新の形態へ収斂するかもしれない。これは改革的な教育学が二世紀近く前から発展させてきた革新の在り方へ向かうのを含めて、とりわけ科学的な教養を普及させる参加型の形態(ファブラボ、ハッキング、バイオハッキングなど)においてである。しかしこのような革新は、むしろ教育システムに周縁部で接している。

今のところ、新しい技術はおもに高等教育、成人教育、課外活動と関わる。それにとって第一の障害は、費用である。設備の費用はもちろん、さらにまた逆説的に教師の労働時間の増大にも費用がかかる。アメリカのある大学が試算したところ、新技術の活用と結びつく労働時間は、教師の古典的な業務形態と比べて一五〇パーセント以上の長さとなる。この時間差は、学生との個人的なコミュニケーションの増大と、授業を特殊な形態にしていくことによる。もう一つの障害は、保証である。ムーク〔MOOC : Massive open online course の略。大規模公開オンライン講座〕を含む遠隔教育の利用者が学位制度のバイパスを試みるのは、差しあたり現実には認められない。ムークは全体として受講生がわずかであると判明し、むしろ証明の在り方を求める産物として機能した。教育活動は、もし承認されず、教育課程に登録されなければ魅力をほとんど持てない。Eラーニングが顧客を募るには既存の学位とつながらねばならず、これが必然的に教育革新のポテンシャルを制限してしまう。

換言すれば、Eラーニングの発展は、以前の他の技術革新のように、現行の学校教育システムの論理のなかに組みこまれるだろう。たとえば、現代語〔フランス語以外の外国語〕の教育や、遠くに住んでいたり移動に困難を抱えたりする生徒に対して、あるいは教師自身の継続教育が都会の中心施設から離れて行なわれる場合などに、すでにEラーニングが存在しており、さらに進展していくだろう。コンピューターの発達や、インターネットを使い記録できる対話的な電子黒板によって、技術革新は確かに中等学校で一定の成功を収めた。しかし今のところ、教師が授業全体の支配権を確保する実践が相変わらず重要である。それにもかかわらず、遠隔教育がかなり実践され、学習活動の多くの領域で個別指導が増加することが、学校教育制度の機能を今後いっそう強く際立たせていく可能性は退けられない。コロナウィルスの世界的な流行は、遠隔教育のプラットフォームに一時的ではあれ大規模に頼るのを強いながら、それらの実践が抱える多くの困難を明らかにしたけれども、そこから実験を進めさせることも可能にしている。

これがおそらく学校における技術革新の歴史からの重要な教訓だろう。学校の支えとなった印刷術以来、技術革新は何一つ、学校教育形態の土台で機能する言わば一貫性を真に揺るがしてこなかった。この一貫性とは、社会がただ一人でクラスに向きあう教師に権威の一部を委ね、学問的知識と同一視される知の仲介者として教師を認め、正当化していることである。このような在り方を技術革新は現在まで社会の変化に適応させてきたが、同時にその根本原理は保持されてきた。来るべき時代に、それが遠隔教育機器の増大によってどれほど影響されるかを予見するのは、今日のところ全く難しい。

原注

（1）F. Braudel, *Civilisation matérielle et capitalisme*, Armand Colin, 1967.〔フェルナン・ブローデル『物質文明・経済・資本主義　一五―一八世紀』（I－2「日常性の構造2」）村上光彦訳、みすず書房、一九八五〕

（2）D. Alexandre-Bidon, *et alii*, *Le Patrimoine de l'Éducation nationale*, Quicy-Voisins, Flohic, 1999.

（3）A. Choppin, *Manuels scolaires. Histoire et actualité*, Hachette, 1992.

（4）H. Cormary, *La Pédagogie*, « Les dictionnaires du savoir moderne », Centre d'étudés et promotion de la lecture, 1972.

（5）H. Cormary, *La Pédagogie*, *op.cit.*

（6）C. Lelièvre, *Les Politiques scolaires mises en examen*, ESF, 2002.

結論

本書の基盤となる社会史的な理解の核心には、最重要点だけを取りあげねばならないとすれば、二つの主導的な考えがあると言えよう。第一に、人間形成に関する教育哲学的な価値は、非常に長期間の持続に基づいて理解される。第二に、制度面では、十六世紀に学校教育の革命が生じて、現在の形態（施設、授業、カリキュラムなど）はそれを直接継承している。

西洋の教育学のあらゆる伝統は、古典古代のギリシア社会とそこで学者を育てた教育機関へ遡る。そうした教育機関が、ローマ帝国の全時代を通じてギリシアの哲学的かつ科学的な文化の伝達を可能にした。ギリシア・ローマ文化の崩壊にもかかわらず、中世は大学を介して、また、アラビア文化との出会いによって古典文化を再発見するに至った。その再発見から、近代は古典教育の骨格を作りだし、エリートの教養の土台の一つとした。たとえばソクラテスに拠って、近代の著述家は、教育とは問答によって具体的に築かれる過程であり、それを通じて主体がみずからの思考を形成すると銘記した（ソクラテスは著作をいっさい遺しておらず、彼の思想は探究的な対話に由来している）。

ソクラテスの名高い後継者にして、西洋思想における最も偉大な継承者となったプラトンに拠れば、哲学とは、すなわち合理的な思索の訓練であり、他のあらゆる活動に優ると記憶されている。プラトン主義――そして西洋の大学や学校教育におけるその継承――が、真正な知識は物質の世界を離れて、不変かつ永遠なイデアの世界へ高まらねばならないことを前提にした。キリスト教の学者と聖職にある教師がプラトン主義のそうした知識観を豊富に用いると、それはイデアの完全な世界を探究するのに加えて、情念の克服、とりわけ肉の欲求の克服を促した。

プラトン主義は教育に関して、教授活動を理論的な知識に集中させることを可能にした。それが古典教育のモデルを基礎づけ、古典教育は真の知識をとりわけ尊重し、あらゆる教育的伝達の本質とした。ところが、この知識は、学校が今日に至るまで教育の原点のように神聖化してきたけれども、厳密には、実験によって構築された科学的知識でもなければ、職業実践から生じた行為的知識でもなく、さらにその他の知識でもない。学校のもたらす知識は諸科目において具現されるが、諸科目は教育機関に固有の制約に従ってもっぱら規定された区分であり、その端緒は古代以来エリート教育のために作りだされてきた。

教育の内容は、以上の通り長い歴史に由来している。それとは反対に、教育の制度と形態は、社会や政治や経済の変動と結びついた大きな変化を被っている。十六世紀以来、重大な〈学校教育革命〉が確認される。この革命は教育課程の新たな明確化に基づいており、とりわけ社会のエリートとなる若者を監視しつつ教育する特別な場所（コレージュ）の設立によって進んでいった。ただしアンシアン・レジーム期のコレージュは、学校教育革命の唯一の手段ではなかった。というのも、他にも二種類の学校が、とくに都市において次第に登場していた。〈小さな学校〉は貧民を対象に民衆の管理を目指した。また、都市が設立した職業学校や国家が科学者と技術者を養成するアカデミーもあった。これらのさまざまな学校が徐々に、かつ、いっそう多様に、コレージュでの知識伝達と行動管理の原理を採りいれていった。すなわち、生徒のクラス編成、連続的なカリキュラムと学年間の進級試験、序列の制定と体罰その他の懲戒システムとによる生徒の動機付けである。このような西洋の学校教育形態こそ、今日では多かれ少なかれ、世界のあらゆる学校の標準モデルになっている。こうした学校教育革命が制度面での重大な変容である。それは過去三世紀において、社会・政治・経済の根本からの変化に寄与してきた。

学校は漸進的に、さらに過去五十年間は加速して、社会の安定に不可欠な巨大システムとなった。今日フランスでは――先進社会のどこでもそうだが――すべての人が平均して優に十五年間を学校で過ごさねばならない。学校教育を受けることは、共通する一連の特徴を有している。本書はそれが構成される三つの主要な軸を明らかにしようと試みてきた。第一に、合理的な知識に由来する人間ならではの学問観。第二に、学校教育の形態によって条件付けられる固有の文化と組織。そして第三に、人間の内面へ社会規範と競争と選抜を取りこむことに基づく社会化である。

訳者あとがき

本書は、Vincent Troger, Jean-Claude Ruano-Borbalan, *Histoire du système éducatif*（Coll. «Que sais-je?», n° 3729, 6e édition, P.U.F., Paris, 2021）の全訳である。原書の初版は二〇〇五年に刊行された。翻訳にあたっては二〇二一年刊行の第六版を底本としている。

原著のタイトルは「教育システムの歴史」だが、内容はフランスのみの歴史を扱う。そこで、日本で翻訳刊行される本書の表題は、原題に「フランス」を補い、『フランス教育システムの歴史』とした。

原書で丸括弧（ ）内の記述は、本書でも丸括弧で括っている。亀甲括弧〔 〕内の記載は訳者による補注である。注は、原書では当該のページに脚注で記されているが、本書では各章末にまとめて記載している。

翻訳にあたり、教育機関の呼称など固有名は、できる限り先行研究を参照した。しかし、研究者の間で訳語が必ずしも一致せず定訳が存在しない場合は、一般読者へも通じやすいように訳出の工夫に努めた。

巻末の参考文献は原書から転載し、日本語訳がある文献については、それを原著の記載に書き加えた。また、原著の一覧で文献名が簡略に記されているものは、適宜、補って記載した。

なお、原著には人名や地名などの記載に明らかな誤りかと思われる箇所があった。それらについては訳者が関連の文献や資料で確認のうえ、修正して訳している。

第一著者のヴァンサン・トゥロジェ氏は、一九五五年生まれ。歴史学博士で、とくに技術教育や職業教育の歴史を専門にしている。一九九三年にリール第三大学准教授（教育科学）となり、本書の初版を刊行した二〇〇五年にはヴェルサイユの教員養成大学附設センターで教鞭を執っていた。第六版刊行時にはナント教育研究センター准教授（教育科学）を務めており、底本の裏表紙にはその所属が記載されているが、しかし現在は退職している。とはいえ、二〇二三年には共著で『イポリット・リュク――共和国の学校の預言者の数奇な運命』を刊行した（Guy Brucy, Marie-Laure Las Vergnas, Vincent Troger, *Hippolyte Luc : Le singulier destin d'un visionnaire de l'école républicaine*, Presses universitaires de Rennes）。イポリット・リュク（一八八三―一九四六）は、一九三〇年代にフランスの技術教育を推進した人物である。トゥロジェ氏の主な著作として、参考文献に挙げられた三点に加えて次の三点も紹介しよう。
―*L'école*, le Cavalier bleu éd., 2001.（『学校』）
―*Peut-on encore former des enseignants?*, A. Colin, 2012.（『教員をまだ養成できるか?』Pascal Guibert と共著）。
―*Le baccalauréat professionnel, impasse ou nouvelle chance? Les lycées professionnels à l'épreuve des politiques éducatives*, PUF, 2016.（『職業バカロレアは袋小路か新たなチャンスか――教育政策に試される職業リセ』Pierre-Yves Bernard, James Masy Paris との共著）。

第二著者ジャン＝クロード・リュアノ＝ボルバラン氏は、一九五九年生まれ。現在、フランス国立工芸院イノベーション学科教授である。底本刊行の二〇二一年当時には、同学科長を務めるとともに、社会における科学技術史研究室長 Laboratoire Histoire des technosciences en société（HT2S）、ミシェル・セール研究所代表、ヨーロッパ教育・社会政策研究所長を兼ねた。八面六臂の活躍中と言える氏は、かつては大学教授職と同時に、一般読者も対象とする月刊の総合学術雑誌『人間科学』*Sciences humaines* の編集責任者も務めていた。同誌の出版社から彼は編著者として、一九九七年には教育学、一九九九年には歴史学の領域で、研究の現状と最新動向や論争点を総覧する書籍も刊行していた。次に挙げる二著である。

—*Éduquer et former : Les connaissances et les débats en éducation et en formation*, Éd. Sciences humaines, 1997.（『教える・育てる——人間形成と職業教育に関する知識と論争』）

—*L'histoire aujourd'hui : Nouveaux objets de recherche, courants et débats, le métier d'historien*, Éd. Sciences humaines, 1999.（『今日の歴史学——新たな研究テーマ・動向と論争・歴史家の仕事』）

右の前著で、リュアノ＝ボルバラン氏は教育学の歴史、トゥロジェ氏は教育史と教育社会学に関する項目を執筆している。両氏の協同作業は同書に始まり、さらに本書の原著であるクセジュの『教育システムの歴史』を生んだかと推測される。なお、リュアノ＝ボルバラン氏の著作の日本語訳は本書が二点目となる。*La Mondialisation*（『グローバリゼーション』Le cavalier bleu, 2002. Allemand Sylvainと共著）が、『グローバリゼーションの基礎知識』（杉村昌昭訳、作品社、二〇〇四）として刊行されている。

本書の特徴と概要については、序論と結論に簡潔明快に述べられているので、訳者がここで繰り返すには及ばないと思われる。本書は、フランスにおいて学校制度を中心とする教育システムが形成された過程を、古典古代以来の知的遺産の継承を踏まえつつ、近代以降の学校教育革命の進展を押さえながら、①学校と権力、②学校知の構築、③教育実践と教授法、④教育行政（自律と集権化）、⑤職業教育、⑥教育格差、⑦教育に関わる技術革新という七つのテーマにより多面的に浮き彫りにしている。古代メソポタミアの学校遺跡から近年のコロナ禍への学校の対応にまで言及する歴史叙述が、教育システムの来し方への興味関心に応えるにとどまらず、その今後へ向けた思索にも示唆を与えてくれることを訳者は願う。

『フランス教育システムの歴史』を日本の文庫クセジュに拙訳により加えたいとの希望を書肆へ取りついでくださったのは、歴史研究の意義に理解が深い日仏会館図書室司書の清水裕子氏である。白水社編集部の小川弓枝氏には訳稿を緻密に校閲いただくとともに、読みやすく改めるために貴重な助言をいくつも賜った。清水氏のご高配と小川氏のご尽力に対して篤くお礼を申し上げる。

二〇二四年一月

越水雄二

著者略歴
ヴァンサン・トゥロジェ Vincent Troger
歴史学博士。元ナント教育研究センター准教授(教育科学)。著書に『学校』、編著に『人間形成と職業教育の歴史』、共著に『技術教育の歴史』、『職業バカロレアは袋小路か新たなチャンスか――教育政策に試される職業リセ』、『イポリット・リュク――共和国の学校の預言者の数奇な運命』などがある。

ジャン=クロード・リュアノ=ボルバラン Jean-Claude Ruano-Borbalan
歴史学博士。フランス国立工芸院イノベーション学科教授。「社会における科学技術史研究室」室長、ミシェル・セール研究所代表、ヨーロッパ教育・社会政策研究所所長。著書に『グローバリゼーションの基礎知識』(共著)、『教える・育てる――人間形成と職業教育に関する知識と論争』(編著) などがある。

訳者略歴
越水雄二(こしみず　ゆうじ)
同志社大学大学院社会学研究科、博士後期課程准教授。教育学修士(京都大学)。フランス教育史を専攻。共著に「日本の近代教育と西洋教育思想」『教育文化学への挑戦 (第二版)』(明石書店、2008年)、「フランス啓蒙期から革命期にいたる教育思想の発展」『教育史』(教師教育テキストシリーズ、学文社、2009年)、「長田新――ペスタロッチーに還れ」「林竹二――教育の再生をもとめて」『人物で見る日本の教育』(ミネルヴァ書房、2012年)、「シャルル・ロラン (1661-1741) のフランス語教育論」『ことばを編む』(開拓社、2018年) がある。

参考文献

Alexandre-Bidon D. *et alii*, *Le Patrimoine de l'Éducation nationale*, Quincy-Voisins, Flohic, 1999.

Ariès P., *L'enfant et la Vie familiale sous l'Ancien Régime*, Le Seuil, coll. « Points Histoire », 1960 ; rééd. 1975.

Briand J.-P., Chapoulie J.-M., *Les Collèges du peuple*, INRP/CNRS/ENS, 1992.

Chanet J.-F., *L'École républicaine et les petites patries*, Aubier, 1996.

Chartier R., Compère M.-M., Julia D., *L'Éducation en France du XVIe au XVIIe siècle*, SEDES, 1976.

Chervel A., *La Culture scolaire, une approche historique*, Belin, 1998.

Choppin A., *Les Manuels scolaires. Histoire et actualité*, Hachette, 1992.

Compère M.-M., *Du collège au lycée (1500-1850)*, Archives Julliard-Gallimard, 1985.

D'Enfert R., Kahn P., *Le Temps des réformes. Disciplines scolaires et politiques éducatives sous la Ve République. Les années 1960*, PUG, 2011.

Elias N., *La Civilisation des mœurs*, trad. P. Kamnitzer, Pocket, « Agora », 2003.〔ノルベルト・エリアス『文明化の過程』（上「ヨーロッパ上流階層の風俗の変遷」赤井慧爾、中村元保、吉田正勝訳、1977。下「文明化の理論のための見取図」波田節夫ほか訳、1978、法政大学出版局〕

Gauthier C., Tardif M. (dir.), *La Pédagogie. Théories et pratiques de l'Antiquité à nos jours*, Montréal, Gaëtan Morin, 1996.

Guibert P., Troger V., *Peut-on encore former des enseignants ?*, Armand Colin, 2012.

Jacguet-Francillon F., *Naissances de l'école du peuple, 1815-1870*, Les Éditions de l'Atelier, 1995.

Jacquet-Francillon F., D'Enfert R., Loeffel L., *Une histoire de l'école. Anthologie de l'éducation et de l'enseignement en France (XVIIIe-XXe siècle)*, Retz., 2010.

Le Goff J., *Les Intellectuels au Moyen Âge*, Le Seuil, coll. « Points Histoire », 1957 ; rééd. 1985.〔ジャック・ルゴフ『中世の知識人：アベラールからエラスムスへ』柏木英彦、三上朝造訳、岩波新書、1977〕

Lebrun F., Quéniart J., Vénard M., *Histoire de l'enseignement et de l'éducation, t. II : 1480-1789*, Perrin, 2003.

Legras B., *Éducation et culture dans le monde grec (VIIIe-Ier siècle av. J.-C.)*, Armand Colin, 1998.

Lelièvre C., *Histoire des institutions scolaires, 1789-1989*, Nathan, 1990.

Luc J.-N., *L'Invention du jeune enfant au XIXe siècle : de la salle d'asile à l'école maternelle*, Belin, 1997.

Marrou H.-I., *Histoire de l'éducation dans l'Anliquité : Le monde grec*, Le Seuil, coll. « Points Histoire », 1948 ; rééd. 1981.〔アンリ・イレネ・マルー『古代教育文化史』横尾壮英、飯尾都人、岩村清太訳、岩波書店、1985〕

Mayeur F., *Histoire générale de l'enseignement et de l'éducation, t. III : 1789-1930*, Perrin, 2003.

Pelpel P., Troger V., *Histoire de l'enseignement technique*, L'Harmattan, 1993 ; rééd. 2001.

Prost A., *Histoire de l'enseignement en France, 1800-1967*, Armand Colin, coll. « U », 1983.

—, *Histoire générale de l'éducation en France*, t. IV *depuis 1930*, Perrin, 2003.

Robert A., *L'École en France de 1945 à nos jours*, PUG, 2010.

Rouche M., *Histoire de l'enseignement et de l'éducation*, t. I : *Ve siècle avant J.-C.-XVe siècle*, Perrin, 2003.

Ruano-Borbalan J.-C., « La très longue histoire de la pédagogie », in Dupriez V., Chapelle G. (dir.), *Enseigner*, Puf, 2007, p. 41-53.

—, « Mondialisation et éducation », in van Zanten A. (dir.), *Dictionnaire de l'éducation*, Puf, 2008, p. 481-485.

—, « La société du savoir et de la connaissance : utopie, idéologies et réalité », in Barbier J.-M., Bourgeois E., Chapelle G., Ruano-Borbalan J.-C. *et alii*, *Encyclopédie de la formation*, Puf, 2009.

—, « Les voies de la construction du savoir légitime », in Jaeger M. (dir.),

Le Travail social et la recherche, Dunod, 2014.
Troger V. (dir.), *Une histoire de l'éducation et de la formation*, Éditions Sciences humaines, 2006.
Vincent G. (dir.), *L'Éducation prisonnière de la forme scolaire : Scolarisation et socialisation dans les sociétés industrielles*, PUL, 1994.
Wacquet F., *Le Latin ou l'Empire d'un signe*, Albin Michel, 1998.
La revue *Histoire de l'éducation* de l'INRP, dirigée par P. Savoie.